Sağlıklı Yollarla Lezzet

Düşük Sodyum Mutfağı

Aylin Yıldırım

Özet

Kızılcık kareleri

Hazırlanma zamanı: 3 saat 5 dakika

Pişirme süresi: 0 dakika
Porsiyon: 4

İçindekiler:
- 2 ons hindistan cevizi kreması
- 2 yemek kaşığı yulaf gevreği
- 2 yemek kaşığı hindistan cevizi, doğranmış
- 1 bardak kızılcık

Talimatlar:
1. Bir karıştırıcıda yulafları kızılcıklar ve diğer malzemelerle birleştirin, iyice karıştırın ve kare bir tavaya yayın.

Kare şeklinde kesip 3 saat kadar buzdolabında bekletip servis yapın.

Beslenme: kalori 66, yağ 4,4, lif 1,8, karbonhidratlar 5,4, protein 0,8

Karnabahar Barları

Hazırlama süresi: 10 dakika
Pişirme süresi: 30 dakika
Porsiyon: 8

İçindekiler:

- 2 su bardağı tam buğday unu
- 2 çay kaşığı kabartma tozu
- Bir tutam karabiber
- 2 çırpılmış yumurta
- 1 su bardağı badem sütü
- 1 su bardağı karnabahar çiçeği, doğranmış
- ½ su bardağı az yağlı kaşar peyniri, rendelenmiş

Talimatlar:

1. Bir kapta unu karnabahar ve diğer malzemelerle birleştirin ve iyice karıştırın.
2. Bir fırın tepsisine yayın, fırına koyun, 400 derecede 30 dakika pişirin, çubuklar halinde kesin ve atıştırmalık olarak servis yapın.

Beslenme:kalori 430, yağ 18,1, lif 3,7, karbonhidrat 54, protein 14,5

Badem ve Tohum Kaseleri

Hazırlama süresi: 5 dakika
Pişirme süresi: 10 dakika
Porsiyon: 4

İçindekiler:
- 2 su bardağı badem
- ¼ bardak hindistan cevizi, kıyılmış
- 1 mango, soyulmuş ve küp şeklinde kesilmiş
- 1 su bardağı ayçiçeği çekirdeği
- Pişirme spreyi

Talimatlar:
1. Badem, hindistancevizi, mango ve ayçiçeği tohumlarını bir fırın tepsisine yayın, pişirme spreyi sıkın, fırlatın ve 400 derece F'de 10 dakika pişirin.
2. Kaselere paylaştırıp atıştırmalık olarak servis yapın.

Beslenme:kalori 411, yağ 31,8, lif 8,7, karbonhidratlar 25,8, protein 13,3

patates kızartması

Hazırlama süresi: 10 dakika
Pişirme süresi: 20 dakika
Porsiyon: 4

İçindekiler:

- 4 altın patates, soyulmuş ve ince dilimler halinde kesilmiş
- 2 yemek kaşığı zeytinyağı
- 1 yemek kaşığı toz biber
- 1 çay kaşığı tatlı kırmızı biber
- 1 yemek kaşığı frenk soğanı, doğranmış

Talimatlar:

1. Cipsleri pişirme kağıdı serili fırın tepsisine paylaştırın, yağı ve diğer malzemeleri ekleyip karıştırın, fırına verin ve 180 derecede 20 dakika pişirin.
2. Kaselere paylaştırıp servis yapın.

Beslenme:kalori 118, yağ 7,4, lif 2,9, karbonhidratlar 13,4, protein 1,3

Lahana Sosu

Hazırlama süresi: 10 dakika
Pişirme süresi: 20 dakika
Porsiyon: 4

İçindekiler:
- 1 demet lahana yaprağı
- 1 su bardağı hindistan cevizi kreması
- 1 arpacık soğanı, doğranmış
- 1 yemek kaşığı zeytinyağı
- 1 çay kaşığı biber tozu
- Bir tutam karabiber

Talimatlar:
1. Tavayı orta ateşte yağla ısıtın, arpacık soğanı ekleyin, karıştırın ve 4 dakika kızartın.
2. Lahanayı ve kalan malzemeleri ekleyin, kaynatın ve orta ateşte 16 dakika pişirin.
3. Bir blender ile karıştırın, kaselere bölün ve atıştırmalık olarak servis yapın.

Beslenme:kalori 188, yağ 17,9, lif 2,1, karbonhidratlar 7,6, protein 2,5

Pancar cipsi

Hazırlama süresi: 10 dakika
Pişirme süresi: 35 dakika
Porsiyon: 4

İçindekiler:

- 2 pancar, soyulmuş ve ince dilimlenmiş
- 1 yemek kaşığı avokado yağı
- 1 çay kaşığı kimyon, öğütülmüş
- 1 çay kaşığı rezene tohumu, ezilmiş
- 2 çay kaşığı sarımsak, kıyılmış

Talimatlar:

1. Pancar cipslerini pişirme kağıdı serili bir fırın tepsisine yayın, yağı ve kalan malzemeleri ekleyin, karıştırın, fırına koyun ve 400 derece F'de 35 dakika pişirin.
2. Kaselere paylaştırıp atıştırmalık olarak servis yapın.

Beslenme:kalori 32, yağ 0,7, lif 1,4, karbonhidratlar 6,1, protein 1,1

Kabak sosu

Hazırlama süresi: 5 dakika
Pişirme süresi: 10 dakika
Porsiyon: 4

İçindekiler:
- ½ su bardağı az yağlı yoğurt
- 2 kabak, doğranmış
- 1 yemek kaşığı zeytinyağı
- 2 taze soğan, doğranmış
- ¼ bardak düşük sodyumlu sebze suyu
- 2 diş sarımsak, kıyılmış
- 1 yemek kaşığı dereotu, doğranmış
- Bir tutam hindistan cevizi, öğütülmüş

Talimatlar:
1. Tavayı orta ateşte yağla ısıtın, soğanı ve sarımsağı ekleyin, karıştırın ve 3 dakika kızartın.
2. Kabağı ve yoğurt hariç diğer malzemeleri ekleyip karıştırın, 7 dakika daha pişirin ve ocaktan alın.
3. Yoğurt ekleyin, bir blender ile karıştırın, kaselere bölün ve servis yapın.

Beslenme:kalori 76, yağ 4,1, lif 1,5, karbonhidratlar 7,2, protein 3,4

Tohum ve elma karışımı

Hazırlama süresi: 10 dakika
Pişirme süresi: 20 dakika
Porsiyon: 4

İçindekiler:
- 2 yemek kaşığı zeytinyağı
- 1 çay kaşığı füme kırmızı biber
- 1 su bardağı ayçiçeği çekirdeği
- 1 su bardağı chia tohumu
- 2 elmanın çekirdekleri çıkarılmış ve dilimler halinde kesilmiş
- ½ çay kaşığı kimyon, öğütülmüş
- Bir tutam acı biber

Talimatlar:
1. Bir kapta tohumları elmalar ve diğer malzemelerle birleştirin, karıştırın, pişirme kağıdı serili bir tepsiye yayın, fırına koyun ve 180°C'de 20 dakika pişirin.
2. Kaselere paylaştırıp atıştırmalık olarak servis yapın.

Beslenme:kalori 222, yağ 15,4, lif 6,4, karbonhidratlar 21,1, protein 4

Balkabağı kreması

Hazırlama süresi: 5 dakika
Pişirme süresi: 0 dakika
Porsiyon: 4

İçindekiler:
- 2 su bardağı kabak püresi
- ½ su bardağı kabak çekirdeği
- 1 yemek kaşığı limon suyu
- 1 yemek kaşığı susam ezmesi
- 1 yemek kaşığı zeytinyağı

Talimatlar:
1. Bir karıştırıcıda balkabağını çekirdekleri ve diğer malzemelerle birleştirin, iyice karıştırın, kaselere bölün ve sürülerek servis yapın.

Beslenme:kalori 162, yağ 12,7, lif 2,3, karbonhidratlar 9,7, protein 5,5

Ispanaklı sürülebilir krema

Hazırlama süresi: 10 dakika
Pişirme süresi: 20 dakika
Porsiyon: 4

İçindekiler:

- 1 pound ıspanak, doğranmış
- 1 su bardağı hindistan cevizi kreması
- 1 su bardağı az yağlı mozarella, rendelenmiş
- Bir tutam karabiber
- 1 yemek kaşığı dereotu, doğranmış

Talimatlar:

1. Bir tavada ıspanakları krema ve diğer malzemelerle birleştirip iyice karıştırıp fırına verip 200 derecede 20 dakika pişirin.
2. Kaselere paylaştırıp servis yapın.

Beslenme:kalori 186, yağ 14,8, lif 4,4, karbonhidratlar 8,4, protein 8,8

Zeytin ve kişniş sosu

Hazırlama süresi: 5 dakika
Pişirme süresi: 0 dakika
Porsiyon: 4

İçindekiler:
- 1 kırmızı soğan, doğranmış
- 1 su bardağı siyah zeytin, çekirdeği çıkarılmış ve ikiye bölünmüş
- 1 salatalık, doğranmış
- ¼ bardak kişniş, doğranmış
- Bir tutam karabiber
- 2 yemek kaşığı limon suyu

Talimatlar:
1. Bir kasede zeytinleri salatalık ve diğer malzemelerle birleştirin, karıştırın ve soğuk olarak atıştırmalık olarak servis edin.

Beslenme:kalori 64, yağ 3,7, lif 2,1, karbonhidratlar 8,4, protein 1,1

Frenk soğanı ve pancar sosu

Hazırlama süresi: 5 dakika
Pişirme süresi: 25 dakika
Porsiyon: 4

İçindekiler:

- 2 yemek kaşığı zeytinyağı
- 1 kırmızı soğan, doğranmış
- 2 yemek kaşığı frenk soğanı, doğranmış
- Bir tutam karabiber
- 1 pancar, soyulmuş ve doğranmış
- 8 ons az yağlı krem peynir
- 1 su bardağı hindistan cevizi kreması

Talimatlar:

1. Tavayı orta ateşte yağla ısıtın, soğanı ekleyin ve 5 dakika kızartın.
2. Geri kalan malzemeleri ekleyin ve sık sık karıştırarak 20 dakika daha pişirin.
3. Karışımı blendera aktarın, iyice karıştırın, kaselere paylaştırın ve servis yapın.

Beslenme:kalori 418, yağ 41,2, lif 2,5, karbonhidrat 10, protein 6,4

salatalık sosu

Hazırlama süresi: 5 dakika
Pişirme süresi: 0 dakika
Porsiyon: 4

İçindekiler:
- 1 kiloluk doğranmış salatalık
- 1 avokado, soyulmuş, çekirdeği çıkarılmış ve küp şeklinde kesilmiş
- 1 yemek kaşığı kapari, süzülmüş
- 1 yemek kaşığı frenk soğanı, doğranmış
- 1 küçük kırmızı soğan, doğranmış
- 1 yemek kaşığı zeytinyağı
- 1 yemek kaşığı balzamik sirke

Talimatlar:
1. Bir kapta salatalıkları avokado ve diğer malzemelerle birleştirin, karıştırın, bardaklara paylaştırın ve servis yapın.

Beslenme:kalori 132, yağ 4,4, lif 4, karbonhidratlar 11,6, protein 4,5

Nohut sosu

Hazırlama süresi: 5 dakika
Pişirme süresi: 0 dakika
Porsiyon: 4

İçindekiler:
- 1 yemek kaşığı zeytinyağı
- 1 yemek kaşığı limon suyu
- 1 yemek kaşığı susam ezmesi
- 2 yemek kaşığı frenk soğanı, doğranmış
- 2 taze soğan, doğranmış
- 2 su bardağı konserve nohut, tuz eklenmemiş, süzülmüş ve durulanmış

Talimatlar:
1. Blenderda nohutları yağ ve frenk soğanı dışındaki diğer malzemelerle birleştirin, iyice karıştırın, kaselere bölün, frenk soğanı üzerine serpin ve servis yapın.

Beslenme:kalori 280, yağ 13,3, lif 5,5, karbonhidratlar 14,8, protein 6,2

Zeytin sosu

Hazırlama süresi: 4 dakika
Pişirme süresi: 0 dakika
Porsiyon: 4

İçindekiler:
- 2 su bardağı siyah zeytin, çekirdekleri çıkarılmış ve doğranmış
- 1 bardak nane, doğranmış
- 2 yemek kaşığı avokado yağı
- ½ su bardağı hindistan cevizi kreması
- ¼ bardak limon suyu
- Bir tutam karabiber

Talimatlar:
1. Blenderda zeytinleri nane ve diğer malzemelerle birleştirip iyice harmanlayın, kaselere paylaştırın ve servis yapın.

Beslenme:kalori 287, yağ 13,3, lif 4,7, karbonhidratlar 17,4, protein 2,4

Hindistan cevizi soğan sosu

Hazırlama süresi: 5 dakika
Pişirme süresi: 0 dakika
Porsiyon: 4

İçindekiler:

- 4 taze soğan, doğranmış
- 1 arpacık soğanı, doğranmış
- 1 yemek kaşığı limon suyu
- Bir tutam karabiber
- 2 ons az yağlı mozarella, rendelenmiş
- 1 su bardağı hindistan cevizi kreması
- 1 yemek kaşığı maydanoz, doğranmış

Talimatlar:

1. Bir karıştırıcıda taze soğanları arpacık soğanı ve diğer malzemelerle birleştirin, iyice karıştırın, kaselere bölün ve parti sosu olarak servis yapın.

Beslenme:kalori 271, yağ 15,3, lif 5, karbonhidrat 15,9, protein 6,9

Çam fıstığı ve Hindistan cevizi sosu

Hazırlama süresi: 5 dakika
Pişirme süresi: 0 dakika
Porsiyon: 4

İçindekiler:

- 8 ons hindistan cevizi kreması
- 1 yemek kaşığı çam fıstığı, doğranmış
- 2 yemek kaşığı maydanoz, doğranmış
- Bir tutam karabiber

Talimatlar:

1. Bir kasede kremayı çam fıstığı ve diğer malzemelerle birleştirin, iyice karıştırın, kaselere paylaştırın ve servis yapın.

Beslenme:kalori 281, yağ 13, lif 4,8, karbonhidrat 16, protein 3,56

Roka ve salatalık sosu

Hazırlama süresi: 5 dakika
Pişirme süresi: 0 dakika
Porsiyon: 4

İçindekiler:
- 4 arpacık soğanı, doğranmış
- 2 domates, doğranmış
- 4 salatalık, doğranmış
- 1 yemek kaşığı balzamik sirke
- 1 su bardağı bebek roka yaprağı
- 2 yemek kaşığı limon suyu
- 2 yemek kaşığı zeytinyağı
- Bir tutam karabiber

Talimatlar:
1. Bir kapta arpacık soğanı domates ve diğer malzemelerle birleştirip karıştırın, küçük kaselere paylaştırın ve atıştırmalık olarak servis yapın.

Beslenme:kalori 139, yağ 3,8, lif 4,5, karbonhidratlar 14, protein 5,4

Peynir sosu

Hazırlama süresi: 5 dakika
Pişirme süresi: 0 dakika
Porsiyon: 6

İçindekiler:
- 1 yemek kaşığı nane, doğranmış
- 1 yemek kaşığı kıyılmış kekik
- 10 ons yağsız krem peynir
- ½ fincan zencefil, dilimlenmiş
- 2 yemek kaşığı hindistan cevizi aminosu

Talimatlar:
1. Blenderda krem peyniri zencefil ve diğer malzemelerle birleştirin, iyice karıştırın, bardaklara paylaştırın ve servis yapın.

Beslenme:kalori 388, yağ 15,4, lif 6, karbonhidrat 14,3, protein 6

Biberli yoğurt sosu

Hazırlama süresi: 5 dakika
Pişirme süresi: 0 dakika
Porsiyon: 4

İçindekiler:

- 3 su bardağı az yağlı yoğurt
- 2 taze soğan, doğranmış
- 1 çay kaşığı tatlı kırmızı biber
- ¼ bardak badem, doğranmış
- ¼ bardak dereotu, doğranmış

Talimatlar:

1. Bir kapta yoğurdu soğan ve diğer malzemelerle birleştirin, harmanlayın, kaselere paylaştırın ve servis yapın.

Beslenme:kalori 181, yağ 12,2, lif 6, karbonhidratlar 14,1, protein 7

Karnabahar Sosu

Hazırlama süresi: 5 dakika
Pişirme süresi: 0 dakika
Porsiyon: 4

İçindekiler:

- 1 pound karnabahar çiçeği, beyazlatılmış
- 1 su bardağı Kalamata zeytini, çekirdekleri çıkarılmış ve ikiye bölünmüş
- 1 su bardağı kiraz domates, ikiye bölünmüş
- 1 yemek kaşığı zeytinyağı
- 1 yemek kaşığı limon suyu
- Bir tutam karabiber

Talimatlar:

1. Bir kapta karnabaharı zeytin ve diğer malzemelerle birleştirip karıştırıp servis yapın.

Beslenme:kalori 139, yağ 4, lif 3,6, karbonhidrat 5,5, protein 3,4

Karides Kreması

Hazırlama süresi: 5 dakika
Pişirme süresi: 0 dakika
Porsiyon: 4

İçindekiler:
- 8 ons hindistan cevizi kreması
- 1 kiloluk karides, pişmiş, soyulmuş, temizlenmiş ve doğranmış
- 2 yemek kaşığı dereotu, doğranmış
- 2 taze soğan, doğranmış
- 1 yemek kaşığı kişniş, doğranmış
- Bir tutam karabiber

Talimatlar:
1. Bir kasede karidesleri krema ve diğer malzemelerle birleştirin, karıştırın ve partiler için servis yapın.

Beslenme:kalori 362, yağ 14,3, lif 6, karbonhidratlar 14,6, protein 5,9

şeftali sosu

Hazırlama süresi: 4 dakika
Pişirme süresi: 0 dakika
Porsiyon: 4

İçindekiler:

- 4 şeftali, çekirdekleri çıkarılmış ve küp şeklinde kesilmiş
- 1 su bardağı Kalamata zeytini, çekirdekleri çıkarılmış ve ikiye bölünmüş
- 1 avokado, çekirdeği çıkarılmış, soyulmuş ve küp şeklinde kesilmiş
- 1 su bardağı kiraz domates, ikiye bölünmüş
- 1 yemek kaşığı zeytinyağı
- 1 yemek kaşığı limon suyu
- 1 yemek kaşığı kişniş, doğranmış

Talimatlar:

1. Bir kapta şeftalileri zeytin ve diğer malzemelerle birleştirip iyice karıştırıp soğuk servis yapın.

Beslenme:kalori 200, yağ 7,5, lif 5, karbonhidrat 13,3, protein 4,9

Havuç cipsi

Hazırlama süresi: 10 dakika
Pişirme süresi: 20 dakika
Porsiyon: 4

İçindekiler:

- 4 havuç, ince dilimlenmiş
- 2 yemek kaşığı zeytinyağı
- Bir tutam karabiber
- 1 çay kaşığı tatlı kırmızı biber
- ½ çay kaşığı zerdeçal tozu
- Bir tutam pul biber

Talimatlar:

1. Bir kapta havuç parçacıklarını yağ ve diğer malzemelerle birleştirip karıştırın.
2. Cipsleri astarlı bir fırın tepsisine yayın, 400 derece F'de 25 dakika pişirin, kaselere paylaştırın ve atıştırmalık olarak servis yapın.

Beslenme:kalori 180, yağ 3, lif 3,3, karbonhidratlar 5,8, protein 1,3

Kuşkonmaz ısırıkları

Hazırlama süresi: 4 dakika
Pişirme süresi: 20 dakika
Porsiyon: 4

İçindekiler:
- 2 yemek kaşığı hindistancevizi yağı, eritilmiş
- 1 pound kuşkonmaz, kesilmiş ve yarıya bölünmüş
- 1 çay kaşığı sarımsak tozu
- 1 çay kaşığı kurutulmuş biberiye
- 1 çay kaşığı biber tozu

Talimatlar:
1. Bir kasede kuşkonmazı yağ ve kalan malzemelerle karıştırın, fırın tepsisine yayın ve 400 derece F'de 20 dakika pişirin.
2. Kaselere paylaştırıp soğuk olarak atıştırmalık olarak servis yapın.

Beslenme:kalori 170, yağ 4,3, lif 4, karbonhidrat 7, protein 4,5

Fırında incir kaseleri

Hazırlama süresi: 4 dakika
Pişirme süresi: 12 dakika
Porsiyon: 4

İçindekiler:

- 8 incir, yarıya bölünmüş
- 1 yemek kaşığı avokado yağı
- 1 çay kaşığı küçük hindistan cevizi, öğütülmüş

Talimatlar:

1. Bir pişirme kabında incirleri yağ ve hindistan ceviziyle birleştirin, fırlatın ve 400 derece F'de 12 dakika pişirin.
2. İncirleri küçük kaselere paylaştırıp atıştırmalık olarak servis yapın.

Beslenme:kalori 180, yağ 4,3, lif 2, karbonhidrat 2, protein 3,2

Lahana ve karides sosu

Hazırlama süresi: 5 dakika
Pişirme süresi: 6 dakika
Porsiyon: 4

İçindekiler:
- 2 su bardağı kırmızı lahana, doğranmış
- 1 kiloluk karides, soyulmuş ve derisi alınmış
- 1 yemek kaşığı zeytinyağı
- Bir tutam karabiber
- 2 taze soğan, doğranmış
- 1 su bardağı domates, doğranmış
- ½ çay kaşığı sarımsak tozu

Talimatlar:
1. Tavayı orta ateşte yağla ısıtın, karidesleri ekleyin, karıştırın ve her iki tarafını da 3 dakika pişirin.
2. Bir kasede lahanayı karides ve diğer malzemelerle birleştirin, karıştırın, küçük kaselere paylaştırın ve servis yapın.

Beslenme:kalori 225, yağ 9,7, lif 5,1, karbonhidratlar 11,4, protein 4,5

Avokado dilimleri

Hazırlama süresi: 5 dakika
Pişirme süresi: 10 dakika
Porsiyon: 4

İçindekiler:

- 2 avokado, soyulmuş, çekirdeği çıkarılmış ve dilimler halinde kesilmiş
- 1 yemek kaşığı avokado yağı
- 1 yemek kaşığı limon suyu
- 1 çay kaşığı kişniş, öğütülmüş

Talimatlar:

1. Avokado dilimlerini pişirme kağıdı serili bir fırın tepsisine yayın, yağı ve kalan malzemeleri ekleyin, karıştırın ve 350 derece F'de 10 dakika pişirin.
2. Bardaklara paylaştırıp atıştırmalık olarak servis yapın.

Beslenme:kalori 212, yağ 20,1, lif 6,9, karbonhidratlar 9,8, protein 2

Limon sosu

Hazırlama süresi: 4 dakika
Pişirme süresi: 0 dakika
Porsiyon: 4

İçindekiler:

- 1 su bardağı az yağlı krem peynir
- Tatmak için karabiber
- ½ su bardağı limon suyu
- 1 yemek kaşığı kişniş, doğranmış
- 3 diş sarımsak, kıyılmış

Talimatlar:

1. Mutfak robotunda krem peyniri limon suyu ve geri kalan malzemelerle karıştırın, iyice karıştırın, kaselere paylaştırın ve servis yapın.

Beslenme:kalori 213, yağ 20,5, lif 0,2, karbonhidratlar 2,8, protein 4,8

Tatlı patates sosu

Hazırlama süresi: 10 dakika
Pişirme süresi: 40 dakika
Porsiyon: 4

İçindekiler:

- 1 su bardağı tatlı patates, soyulmuş ve doğranmış
- 1 yemek kaşığı düşük sodyumlu sebze suyu
- Pişirme spreyi
- 2 yemek kaşığı Hindistan cevizi kreması
- 2 çay kaşığı kurutulmuş biberiye
- Tatmak için karabiber

Talimatlar:

1. Bir tavada patatesleri et suyu ve diğer malzemelerle birleştirin, karıştırın, 180°'de 40 dakika pişirin, blendera aktarın, iyice karıştırın, küçük kaselere paylaştırın ve servis yapın

Beslenme:kalori 65, yağ 2,1, lif 2, karbonhidrat 11,3, protein 0,8

Fasulye Sosu

Hazırlama süresi: 5 dakika
Pişirme süresi: 0 dakika
Porsiyon: 4

İçindekiler:
- 1 su bardağı konserve siyah fasulye, tuz eklenmemiş, süzülmüş
- 1 su bardağı konserve kırmızı barbunya fasulyesi, tuz eklenmemiş, süzülmüş
- 1 çay kaşığı balzamik sirke
- 1 su bardağı kiraz domates, doğranmış
- 1 yemek kaşığı zeytinyağı
- 2 arpacık soğan, doğranmış

Talimatlar:
1. Bir kapta fasulyeleri sirke ve diğer malzemelerle birleştirin, karıştırın ve parti atıştırmalık olarak servis yapın.

Beslenme:kalori 362, yağ 4,8, lif 14,9, karbonhidratlar 61, protein 21,4

Yeşil fasulye sosu

Hazırlama süresi: 10 dakika
Pişirme süresi: 10 dakika
Porsiyon: 4

İçindekiler:

- 1 pound yeşil fasulye, kesilmiş ve yarıya bölünmüş
- 1 yemek kaşığı zeytinyağı
- 2 çay kaşığı kapari, süzülmüş
- 6 ons yeşil zeytin, çekirdeği çıkarılmış ve dilimlenmiş
- 4 diş sarımsak, kıyılmış
- 1 yemek kaşığı limon suyu
- 1 yemek kaşığı kıyılmış kekik
- Tatmak için karabiber

Talimatlar:

1. Tavayı orta-yüksek ateşte yağla ısıtın, sarımsak ve yeşil fasulyeyi ekleyin, karıştırın ve 3 dakika pişirin.
2. Geri kalan malzemeleri ekleyin, karıştırın, 7 dakika daha pişirin, fincanlara paylaştırın ve soğuk olarak servis yapın.

Beslenme:kalori 111, yağ 6,7, lif 5,6, karbonhidratlar 13,2, protein 2,9

Havuç kreması

Hazırlama süresi: 10 dakika
Pişirme süresi: 30 dakika
Porsiyon: 4

İçindekiler:
- 1 pound havuç, soyulmuş ve doğranmış
- ½ su bardağı ceviz, kıyılmış
- 2 su bardağı düşük sodyumlu sebze suyu
- 1 su bardağı hindistan cevizi kreması
- 1 yemek kaşığı biberiye, doğranmış
- 1 çay kaşığı sarımsak tozu
- ¼ çay kaşığı füme kırmızı biber

Talimatlar:
1. Bir tencerede havuçları et suyu, ceviz ve krema ve biberiye dışındaki diğer malzemelerle karıştırın, karıştırın, orta ateşte kaynatın, 30 dakika pişirin, süzün ve karıştırın.
2. Kremayı ekleyin, karışımı iyice karıştırın, kaselere paylaştırın, üzerine biberiye serpin ve servis yapın.

Beslenme:kalori 201, yağ 8,7, lif 3,4, karbonhidratlar 7,8, protein 7,7

Domates sosu

Hazırlama süresi: 10 dakika
Pişirme süresi: 10 dakika
Porsiyon: 4

İçindekiler:

- 1 pound domates, soyulmuş ve doğranmış
- ½ bardak sarımsak, kıyılmış
- 2 yemek kaşığı zeytinyağı
- Bir tutam karabiber
- 2 arpacık soğan, doğranmış
- 1 çay kaşığı kurutulmuş kekik

Talimatlar:

1. Tavayı orta-yüksek ateşte yağla ısıtın, sarımsak ve arpacık soğanı ekleyin, karıştırın ve 2 dakika kızartın.
2. Domatesleri ve diğer malzemeleri ekleyip 8 dakika daha pişirip blendera aktarın.
3. İyice karıştırın, bardaklara bölün ve atıştırmalık olarak servis yapın.

Beslenme:kalori 232, yağ 11,3, lif 3,9, karbonhidratlar 7,9, protein 4,5

Somon kaseleri

Hazırlama süresi: 10 dakika
Pişirme süresi: 0 dakika
Porsiyon: 6

İçindekiler:
- 1 yemek kaşığı avokado yağı
- 1 yemek kaşığı balzamik sirke
- ½ çay kaşığı kurutulmuş kekik
- 1 bardak füme somon, tuz ilavesiz, kemikleri çıkarılmış, derisi yüzülmüş ve doğranmış
- 1 bardak sos
- 4 su bardağı bebek ıspanak

Talimatlar:
1. Bir kasede somonu sos ve diğer malzemelerle birleştirip karıştırıp bardaklara paylaştırıp servis yapın.

Beslenme:kalori 281, yağ 14,4, lif 7,4, karbonhidratlar 18,7, protein 7,4

Domates ve Mısır Sosu

Hazırlama süresi: 4 dakika
Pişirme süresi: 0 dakika
Porsiyon: 4

İçindekiler:
- 3 su bardağı mısır
- 2 su bardağı domates, doğranmış
- 2 yeşil soğan, doğranmış
- 2 yemek kaşığı zeytinyağı
- 1 kırmızı biber, doğranmış
- ½ yemek kaşığı frenk soğanı, doğranmış

Talimatlar:
1. Bir salata kasesinde domatesleri mısır ve diğer malzemelerle birleştirip karıştırıp soğuk olarak atıştırmalık olarak servis edin.

Beslenme:kalori 178, yağ 8,6, lif 4,5, karbonhidratlar 25,9, protein 4,7

Fırında Mantarlar

Hazırlama süresi: 10 dakika
Pişirme süresi: 25 dakika
Porsiyon: 4

İçindekiler:
- 1 lb. küçük mantar kapakları
- 2 yemek kaşığı zeytinyağı
- 1 yemek kaşığı frenk soğanı, doğranmış
- 1 yemek kaşığı biberiye, doğranmış
- Tatmak için karabiber

Talimatlar:
1. Mantarları bir tavaya alıp, yağı ve diğer malzemeleri ekleyip karıştırın, 200 derecede 25 dakika pişirin, kaselere paylaştırıp atıştırmalık olarak servis edin.

Beslenme: kalori 215, yağ 12,3, lif 6,7, karbonhidratlar 15,3, protein 3,5

Fasulye kreması

Hazırlama süresi: 5 dakika
Pişirme süresi: 0 dakika
Porsiyon: 4

İçindekiler:

- ½ su bardağı hindistan cevizi kreması
- 1 yemek kaşığı zeytinyağı
- 2 su bardağı konserve siyah fasulye, tuz eklenmemiş, süzülmüş ve durulanmış
- 2 yemek kaşığı yeşil soğan, doğranmış

Talimatlar:

1. Fasulyeleri blenderda krema ve diğer malzemelerle birleştirin, iyice karıştırın, kaselere paylaştırın ve servis yapın.

Beslenme:kalori 311, yağ 13,5, lif 6, karbonhidrat 18,0, protein 8

Rezene ve kişniş sosu

Hazırlama süresi: 5 dakika
Pişirme süresi: 0 dakika
Porsiyon: 4

İçindekiler:
- 2 taze soğan, doğranmış
- 2 rezene soğanı, doğranmış
- 1 yeşil biber, doğranmış
- 1 domates, doğranmış
- 1 çay kaşığı zerdeçal tozu
- 1 çay kaşığı limon suyu
- 2 yemek kaşığı kişniş, doğranmış
- Tatmak için karabiber

Talimatlar:
1. Bir salata kasesinde rezeneyi soğan ve diğer malzemelerle karıştırın, karıştırın, bardaklara paylaştırın ve servis yapın.

Beslenme:kalori 310, yağ 11,5, lif 5,1, karbonhidratlar 22,3, protein 6,5

Brüksel lahanası ısırıkları

Hazırlama süresi: 10 dakika
Pişirme süresi: 25 dakika
Porsiyon: 4

İçindekiler:

- 1 pound Brüksel lahanası, kesilmiş ve yarıya bölünmüş
- 2 yemek kaşığı zeytinyağı
- 1 yemek kaşığı kimyon, öğütülmüş
- 1 su bardağı dereotu, doğranmış
- 2 diş sarımsak, kıyılmış

Talimatlar:

1. Bir tavada Brüksel lahanalarını yağ ve diğer malzemelerle birleştirin, karıştırın ve 180°C'de 25 dakika pişirin.
2. Filizleri kaselere paylaştırıp atıştırmalık olarak servis yapın.

Beslenme:kalori 270, yağ 10,3, lif 5,2, karbonhidratlar 11,1, protein 6

Balzamik Ceviz Lokmaları

Hazırlama süresi: 10 dakika
Pişirme süresi: 15 dakika
Porsiyon: 4

İçindekiler:

- 2 su bardağı ceviz
- 3 yemek kaşığı kırmızı sirke
- Bir tutam zeytinyağı
- Bir tutam acı biber
- Bir tutam pul biber
- Tatmak için karabiber

Talimatlar:

1. Fındıkları bir fırın tepsisine yayın, sirkeyi ve kalan malzemeleri ekleyin, karıştırın ve 400 derece F'de 15 dakika kızartın.
2. Cevizleri kaselere paylaştırıp servis yapın.

Beslenme:kalori 280, yağ 12,2, lif 2, karbonhidrat 15,8, protein 6

Turp cipsi

Hazırlama süresi: 10 dakika
Pişirme süresi: 20 dakika
Porsiyon: 4

İçindekiler:

- 1 pound turp, ince dilimlenmiş
- Bir tutam zerdeçal tozu
- Tatmak için karabiber
- 2 yemek kaşığı zeytinyağı

Talimatlar:

1. Turp pullarını çizgili bir fırın tepsisine yayın, yağı ve kalan malzemeleri ekleyin, fırlatın ve 400 derece F'de 20 dakika pişirin.
2. Cipsleri kaselere paylaştırıp servis yapın.

Beslenme:kalori 120, yağ 8,3, lif 1, karbonhidrat 3,8, protein 6

Pırasa ve karides salatası

Hazırlama süresi: 4 dakika
Pişirme süresi: 0 dakika
Porsiyon: 4

İçindekiler:

- 2 pırasa, dilimlenmiş
- 1 bardak kişniş, doğranmış
- 1 kiloluk karides, soyulmuş, kesilmiş ve pişirilmiş
- 1 misket limonunun suyu
- 1 yemek kaşığı limon kabuğu rendesi, rendelenmiş
- 1 su bardağı kiraz domates, ikiye bölünmüş
- 2 yemek kaşığı zeytinyağı
- Tatmak için tuz ve karabiber

Talimatlar:

1. Bir salata kasesinde karidesleri pırasa ve diğer malzemelerle karıştırın, karıştırın, bardaklara paylaştırın ve servis yapın.

Beslenme:kalori 280, yağ 9,1, lif 5,2, karbonhidratlar 12,6, protein 5

Pırasa Sosu

Hazırlama süresi: 5 dakika
Pişirme süresi: 0 dakika
Porsiyon: 4

İçindekiler:

- 1 yemek kaşığı limon suyu
- ½ su bardağı az yağlı krem peynir
- 2 yemek kaşığı zeytinyağı
- Tatmak için karabiber
- 4 pırasa, doğranmış
- 1 yemek kaşığı kişniş, doğranmış

Talimatlar:

1. Bir karıştırıcıda krem peyniri pırasa ve diğer malzemelerle birleştirin, iyice karıştırın, kaselere bölün ve parti sosu olarak servis yapın.

Beslenme:kalori 300, yağ 12,2, lif 7,6, karbonhidratlar 14,7, protein 5,6

Biber Salatası

Hazırlama süresi: 5 dakika
Pişirme süresi: 0 dakika
Porsiyon: 4

İçindekiler:

- Yarım kilo kırmızı dolmalık biber, ince şeritler halinde kesilmiş
- 3 yeşil soğan, doğranmış
- 1 yemek kaşığı zeytinyağı
- 2 çay kaşığı zencefil, rendelenmiş
- ½ çay kaşığı kurutulmuş biberiye
- 3 yemek kaşığı balzamik sirke

Talimatlar:

1. Bir salata kasesinde biberleri soğan ve diğer malzemelerle karıştırıp karıştırıp kaselere paylaştırın ve servis yapın.

Beslenme:kalori 160, yağ 6, lif 3, karbonhidrat 10,9, protein 5,2

Avokado yayıldı

Hazırlama süresi: 4 dakika
Pişirme süresi: 0 dakika
Porsiyon: 4

İçindekiler:

- 2 yemek kaşığı dereotu, doğranmış
- 1 arpacık soğanı, doğranmış
- 2 diş sarımsak, kıyılmış
- 2 avokado, soyulmuş, çekirdeği çıkarılmış ve doğranmış
- 1 su bardağı hindistan cevizi kreması
- 2 yemek kaşığı zeytinyağı
- 2 yemek kaşığı limon suyu
- Tatmak için karabiber

Talimatlar:

1. Bir karıştırıcıda avokadoları arpacık soğanı, sarımsak ve diğer malzemelerle birleştirin, iyice karıştırın, küçük kaselere bölün ve atıştırmalık olarak servis yapın.

Beslenme:kalori 300, yağ 22,3, lif 6,4, karbonhidrat 42, protein 8,9

Mısır sosu

Hazırlama süresi: 30 dakika
Pişirme süresi: 0 dakika
Porsiyon: 4

İçindekiler:
- Bir tutam acı biber
- Bir tutam karabiber
- 2 su bardağı mısır
- 1 su bardağı hindistan cevizi kreması
- 2 yemek kaşığı limon suyu
- 2 yemek kaşığı avokado yağı

Talimatlar:
1. Bir karıştırıcıda mısırı krema ve diğer malzemelerle birleştirin, iyice karıştırın, kaselere bölün ve parti sosu olarak servis yapın.

Beslenme:kalori 215, yağ 16,2, lif 3,8, karbonhidratlar 18,4, protein 4

Fasulye çubukları

Hazırlama süresi: 2 saat
Pişirme süresi: 0 dakika
Porsiyon: 12

İçindekiler:

- 1 su bardağı konserve siyah fasulye, tuz eklenmemiş, süzülmüş
- 1 su bardağı hindistan cevizi gevreği, şekersiz
- 1 su bardağı az yağlı tereyağı
- ½ su bardağı chia tohumu
- ½ su bardağı hindistan cevizi kreması

Talimatlar:

1. Blenderde fasulyeleri hindistancevizi parçacıkları ve diğer malzemelerle birleştirin, iyice karıştırın, her şeyi kare bir tavaya dağıtın, bastırın, buzdolabında 2 saat bekletin, orta boy çubuklar halinde kesin ve servis yapın.

Beslenme:kalori 141, yağ 7, lif 5, karbonhidrat 16,2, protein 5

Kabak çekirdeği ve elma cipsi karışımı

Hazırlama süresi: 10 dakika
Pişirme süresi: 2 saat
Porsiyon: 4

İçindekiler:
- Pişirme spreyi
- 2 çay kaşığı hindistan cevizi, öğütülmüş
- 1 su bardağı kabak çekirdeği
- 2 elma, çekirdekleri çıkarılmış ve ince dilimlenmiş

Talimatlar:
1. Kabak çekirdeklerini ve elma cipslerini pişirme kağıdı serili fırın tepsisine dizin, üzerine hindistan cevizi serpin, sprey sıkarak fırına verin ve 180 derecede 2 saat pişirin.
2. Kaselere paylaştırıp atıştırmalık olarak servis yapın.

Beslenme:kalori 80, yağ 0, lif 3, karbonhidrat 7, protein 4

Domates Sosu ve Yoğurt

Hazırlama süresi: 5 dakika
Pişirme süresi: 0 dakika
Porsiyon: 4

İçindekiler:

- 2 bardak yağsız Yunan yoğurdu
- 1 yemek kaşığı maydanoz, doğranmış
- ¼ bardak konserve domates, tuzsuz, doğranmış
- 2 yemek kaşığı frenk soğanı, doğranmış
- Tatmak için karabiber

Talimatlar:

1. Bir kapta yoğurdu maydanoz ve diğer malzemelerle karıştırıp iyice harmanlayın, küçük kaselere paylaştırın ve parti sosu olarak servis yapın.

Beslenme:kalori 78, yağ 0, lif 0,2, karbonhidratlar 10,6, protein 8,2

Pancar Cayenne Kaseleri

Hazırlama süresi: 10 dakika
Pişirme süresi: 35 dakika
Porsiyon: 2

İçindekiler:

- 1 çay kaşığı acı biber
- 2 pancar, soyulmuş ve küp şeklinde kesilmiş
- 1 çay kaşığı kurutulmuş biberiye
- 1 yemek kaşığı zeytinyağı
- 2 çay kaşığı limon suyu

Talimatlar:

1. Bir pişirme kabında pancar parçalarını acı biber ve diğer malzemelerle birleştirin, karıştırın, fırına koyun, 180° C'de 35 dakika kavurun, küçük kaselere bölün ve atıştırmalık olarak servis yapın.

Beslenme:kalori 170, yağ 12,2, lif 7, karbonhidrat 15,1, protein 6

Kaseler dolusu ceviz ve fındık

Hazırlama süresi: 10 dakika
Pişirme süresi: 10 dakika
Porsiyon: 4

İçindekiler:

- 2 su bardağı ceviz
- 1 su bardağı ceviz, doğranmış
- 1 çay kaşığı avokado yağı
- ½ çay kaşığı tatlı kırmızı biber

Talimatlar:

1. Üzümleri ve cevizleri pişirme kağıdı serili bir fırın tepsisine yayın, yağı ve kırmızı biberi ekleyin, karıştırın ve 400 derece F'de 10 dakika pişirin.
2. Kaselere paylaştırıp atıştırmalık olarak servis yapın.

Beslenme: kalori 220, yağ 12,4, lif 3, karbonhidrat 12,9, protein 5,6

Somon ve maydanozlu kekler

Hazırlama süresi: 10 dakika
Pişirme süresi: 25 dakika
Porsiyon: 4

İçindekiler:

- 1 su bardağı az yağlı mozarella, rendelenmiş
- 8 ons füme somon, derisiz, kemikli ve doğranmış
- 1 su bardağı badem unu
- 1 yumurta, dövülmüş
- 1 çay kaşığı kurutulmuş maydanoz
- 1 diş sarımsak, kıyılmış
- Tatmak için karabiber
- Pişirme spreyi

Talimatlar:

1. Bir kapta somonu mozzarella peyniri ve pişirme spreyi hariç kalan malzemelerle birleştirin ve iyice karıştırın.
2. Bu karışımı pişirme spreyi ile yağlanmış bir muffin tepsisine bölün, 350°F'de 25 dakika pişirin ve atıştırmalık olarak servis yapın.

Beslenme:kalori 273, yağ 17, lif 3,5, karbonhidratlar 6,9, protein 21,8

Balkabağı topları

Hazırlama süresi: 10 dakika
Pişirme süresi: 20 dakika
Porsiyon: 8

İçindekiler:

- Bir tutam zeytinyağı
- 1 büyük kabak, soyulmuş ve doğranmış
- 2 yemek kaşığı kişniş, doğranmış
- 2 çırpılmış yumurta
- ½ su bardağı tam buğday unu
- Tatmak için karabiber
- 2 arpacık soğan, doğranmış
- 2 diş sarımsak, kıyılmış

Talimatlar:

1. Bir kapta balkabağını kişniş ve yağ dışındaki diğer malzemelerle karıştırın, iyice karıştırın ve bu karışımla orta boy toplar oluşturun.
2. Yağlı kağıt serilmiş fırın tepsisine dizip, yağlayın, 180°C'de her iki tarafını da 10'ar dakika pişirin, kaselere paylaştırıp servis yapın.

Beslenme:kalori 78, yağ 3, lif 0,9, karbonhidrat 10,8, protein 2,7

Peynirli inci soğan kaseleri

Hazırlama süresi: 10 dakika
Pişirme süresi: 30 dakika
Porsiyon: 8

İçindekiler:

- 20 adet soyulmuş beyaz soğan
- 3 yemek kaşığı maydanoz, doğranmış
- 1 yemek kaşığı frenk soğanı, doğranmış
- Tatmak için karabiber
- 1 su bardağı az yağlı mozarella, rendelenmiş
- 1 yemek kaşığı zeytinyağı

Talimatlar:

1. Taze soğanları pişirme kağıdı serili fırın tepsisine yayın, yağı, maydanozu, frenk soğanı ve karabiberi ekleyip karıştırın.
2. Mozzarella peyniri serpin, 180 derecede 30 dakika pişirin, kaselere paylaştırın ve soğuk olarak atıştırmalık olarak servis edin.

Beslenme:kalori 136, yağ 2,7, lif 6, karbonhidrat 25,9, protein 4,1

Brokoli barları

Hazırlama süresi: 10 dakika
Pişirme süresi: 25 dakika
Porsiyon: 8

İçindekiler:

- 1 pound brokoli çiçeği, doğranmış
- ½ bardak az yağlı mozarella, rendelenmiş
- 2 çırpılmış yumurta
- 1 çay kaşığı kurutulmuş kekik
- 1 çay kaşığı kurutulmuş fesleğen
- Tatmak için karabiber

Talimatlar:

1. Bir kapta brokoliyi peynir ve diğer malzemelerle birleştirip iyice karıştırıp dikdörtgen bir tavaya yayıp altını iyice bastırın.
2. 180 derecede pişirin, 25 dakika pişirin, çubuk şeklinde kesip soğuk servis yapın.

Beslenme:kalori 46, yağ 1,3, lif 1,8, karbonhidratlar 4,2, protein 5

Ananas ve Domates Sosu

Hazırlama süresi: 10 dakika
Pişirme süresi: 40 dakika
Porsiyon: 4

İçindekiler:

- 20 ons konserve ananas, süzülmüş ve doğranmış
- 1 su bardağı güneşte kurutulmuş domates, doğranmış
- 1 yemek kaşığı feseleğen, doğranmış
- 1 yemek kaşığı avokado yağı
- 1 çay kaşığı limon suyu
- 1 su bardağı siyah zeytin, çekirdekleri çıkarılmış ve dilimlenmiş
- Tatmak için karabiber

Talimatlar:

1. Bir kapta ananas küplerini domates ve diğer malzemelerle birleştirin, karıştırın, daha küçük kaplara bölün ve atıştırmalık olarak servis yapın.

Beslenme:kalori 125, yağ 4,3, lif 3,8, karbonhidratlar 23,6, protein 1,5

Hindi ve Enginar Karışımı

Hazırlama süresi: 5 dakika
Pişirme süresi: 25 dakika
Porsiyon: 4

İçindekiler:

- 2 yemek kaşığı zeytinyağı
- 1 hindi göğsü, derisi alınmış, kemikleri çıkarılmış ve dilimlenmiş
- Bir tutam karabiber
- 1 yemek kaşığı fesleğen, doğranmış
- 3 diş sarımsak, kıyılmış
- 14 ons konserve enginar, tuz eklenmemiş, doğranmış
- 1 su bardağı hindistan cevizi kreması
- ¾ bardak az yağlı mozarella, rendelenmiş

Talimatlar:

1. Tavayı yağla orta-yüksek ateşte ısıtın, eti, sarımsağı ve karabiberi ekleyin, karıştırın ve 5 dakika pişirin.
2. Peynir dışındaki diğer malzemeleri ekleyip karıştırın ve orta ateşte 15 dakika pişirin.
3. Peyniri serpin, her şeyi 5 dakika daha pişirin, tabaklara paylaştırın ve servis yapın.

Beslenme: kalori 300, yağ 22,2, lif 7,2, karbonhidratlar 16,5, protein 13,6

Türkiye kekik ile karıştırın

Hazırlama süresi: 10 dakika
Pişirme süresi: 30 dakika
Porsiyon: 4

İçindekiler:
- 2 yemek kaşığı avokado yağı
- 1 kırmızı soğan, doğranmış
- 2 diş sarımsak, kıyılmış
- Bir tutam karabiber
- 1 yemek kaşığı kıyılmış kekik
- 1 büyük hindi göğsü, derisiz, kemikli ve kuşbaşı
- 1 ½ su bardağı düşük sodyumlu et suyu
- 1 yemek kaşığı frenk soğanı, doğranmış

Talimatlar:
1. Tavayı orta ateşte yağla ısıtın, soğanı ekleyin, karıştırın ve 3 dakika kızartın.
2. Sarımsak ve eti ekleyin, karıştırın ve 3 dakika daha pişirin.
3. Geri kalan malzemeleri ekleyin, karıştırın, orta ateşte 25 dakika pişirin, tabaklara paylaştırın ve servis yapın.

Beslenme:kalori 76, yağ 2,1, lif 1,7, karbonhidratlar 6,4, protein 8,3

Portakallı tavuk

Hazırlama süresi: 10 dakika
Pişirme süresi: 35 dakika
Porsiyon: 4

İçindekiler:

- 1 yemek kaşığı avokado yağı
- 1 kiloluk tavuk göğsü, derisiz, kemikli ve ikiye bölünmüş
- 2 diş sarımsak, kıyılmış
- 2 arpacık soğan, doğranmış
- ½ su bardağı portakal suyu
- 1 yemek kaşığı portakal kabuğu rendesi, rendelenmiş
- 3 yemek kaşığı balzamik sirke
- 1 çay kaşığı biberiye, doğranmış

Talimatlar:

1. Tavayı yağla orta-yüksek ateşte ısıtın, arpacık soğanı ve sarımsağı ekleyin, karıştırın ve 2 dakika kızartın.
2. Eti ekleyin, yavaşça karıştırın ve 3 dakika daha pişirin.
3. Geri kalan malzemeleri ekleyin, karıştırın, tavayı fırına koyun ve 180°C'de 30 dakika pişirin.
4. Tabaklara paylaştırıp servis yapın.

Beslenme:kalori 159, yağ 3,4, lif 0,5, karbonhidratlar 5,4, protein 24,6

Sarımsak Hindi ve Mantarlar

Hazırlama süresi: 10 dakika
Pişirme süresi: 40 dakika
Porsiyon: 4

İçindekiler:
- 1 hindi göğsü, kemikli, derisiz ve kuşbaşı
- Yarım kilo beyaz mantar, ikiye bölünmüş
- 1/3 bardak hindistan cevizi aminoları
- 2 diş sarımsak, kıyılmış
- 2 yemek kaşığı zeytinyağı
- Bir tutam karabiber
- 2 yeşil soğan, doğranmış
- 3 yemek kaşığı sarımsak sosu
- 1 yemek kaşığı biberiye, doğranmış

Talimatlar:
1. Tavayı orta ateşte yağla ısıtın, yeşil soğanı, sarımsak sosunu ve sarımsağı ekleyip 5 dakika soteleyin.
2. Eti ekleyip 5 dakika daha kavurun.
3. Geri kalan malzemeleri ekleyip fırına verin ve 180°C'de 30 dakika pişirin.
4. Karışımı tabaklara paylaştırıp servis yapın.

Beslenme:kalori 154, yağ 8,1, lif 1,5, karbonhidratlar 11,5, protein 9,8

Tavada Tavuk ve Zeytin

Hazırlama süresi: 10 dakika
Pişirme süresi: 25 dakika
Porsiyon: 4

İçindekiler:

- 1 kiloluk tavuk göğsü, derisiz, kemikli ve kabaca doğranmış
- Bir tutam karabiber
- 1 yemek kaşığı avokado yağı
- 1 kırmızı soğan, doğranmış
- 1 bardak hindistan cevizi sütü
- 1 yemek kaşığı limon suyu
- 1 su bardağı Kalamata zeytini, çekirdekleri çıkarılmış ve dilimlenmiş
- ¼ bardak kişniş, doğranmış

Talimatlar:

1. Bir tavayı orta-yüksek ateşte yağla ısıtın, soğanı ve eti ekleyin ve 5 dakika kızartın.
2. Geri kalan malzemeleri ekleyin, karıştırın, kaynatın ve orta ateşte 20 dakika daha pişirin.
3. Tabaklara paylaştırıp servis yapın.

Beslenme:kalori 409, yağ 26,8, lif 3,2, karbonhidratlar 8,3, protein 34,9

Hindi ve Şeftalinin Balzamik Karışımı

Hazırlama süresi: 10 dakika
Pişirme süresi: 25 dakika
Porsiyon: 4

İçindekiler:

- 1 yemek kaşığı avokado yağı
- 1 hindi göğsü, derisi alınmış, kemikleri çıkarılmış ve dilimlenmiş
- Bir tutam karabiber
- 1 sarı soğan, doğranmış
- 4 şeftali, çekirdekleri çıkarılmış ve dilimler halinde kesilmiş
- ¼ bardak balzamik sirke
- 2 yemek kaşığı frenk soğanı, doğranmış

Talimatlar:

1. Tavayı orta-yüksek ateşte yağla ısıtın, eti ve soğanı ekleyin, karıştırın ve 5 dakika kızartın.
2. Frenk soğanı dışındaki diğer malzemeleri ekleyin, hafifçe karıştırın ve 180°C'de 20 dakika pişirin.
3. Her şeyi tabaklara paylaştırın ve üzerine frenk soğanı serperek servis yapın.

Beslenme:kalori 123, yağ 1,6, lif 3,3, karbonhidratlar 18,8, protein 9,1

Hindistan cevizi tavuk ve ıspanak

Hazırlama süresi: 10 dakika
Pişirme süresi: 25 dakika
Porsiyon: 4

İçindekiler:

- 1 yemek kaşığı avokado yağı
- 1 kiloluk tavuk göğsü, derisiz, kemikli ve küp şeklinde
- ½ çay kaşığı kurutulmuş fesleğen
- Bir tutam karabiber
- ¼ bardak düşük sodyumlu sebze suyu
- 2 su bardağı bebek ıspanak
- 2 arpacık soğan, doğranmış
- 2 diş sarımsak, kıyılmış
- ½ çay kaşığı tatlı kırmızı biber
- 2/3 su bardağı hindistan cevizi kreması
- 2 yemek kaşığı kişniş, doğranmış

Talimatlar:

1. Tavayı yağla orta-yüksek ateşte ısıtın, eti, fesleğeni, karabiberi ekleyin ve 5 dakika kızartın.
2. Arpacık soğanı ve sarımsağı ekleyip 5 dakika daha pişirin.
3. Geri kalan malzemeleri ekleyin, karıştırın, kaynatın ve orta ateşte 15 dakika daha pişirin.
4. Tabaklara paylaştırıp sıcak olarak servis yapın.

Beslenme:kalori 237, yağ 12,9, lif 1,6, karbonhidratlar 4,7, protein 25,8

Tavuk ve kuşkonmaz karışımı

Hazırlama süresi: 10 dakika
Pişirme süresi: 25 dakika
Porsiyon: 4

İçindekiler:

- 2 tavuk göğsü, derisiz, kemiksiz ve küp şeklinde doğranmış
- 2 yemek kaşığı avokado yağı
- 2 taze soğan, doğranmış
- 1 demet kuşkonmaz, soyulmuş ve ikiye bölünmüş
- ½ çay kaşığı tatlı kırmızı biber
- Bir tutam karabiber
- 14 ons konserve domates, tuz eklenmemiş, süzülmüş ve doğranmış

Talimatlar:

1. Tavayı yağla orta-yüksek ateşte ısıtın, eti ve taze soğanı ekleyin, karıştırın ve 5 dakika pişirin.
2. Kuşkonmazı ve diğer malzemeleri ekleyip karıştırın, tavanın kapağını kapatın ve orta ateşte 20 dakika pişirin.
3. Her şeyi tabaklara paylaştırın ve servis yapın.

Beslenme:kalori 171, yağ 6,4, lif 2,6, karbonhidratlar 6,4, protein 22,2

Kremalı hindi ve brokoli

Hazırlama süresi: 10 dakika
Pişirme süresi: 25 dakika
Porsiyon: 4

İçindekiler:

- 1 yemek kaşığı zeytinyağı
- 1 büyük hindi göğsü, derisiz, kemikli ve kuşbaşı
- 2 su bardağı brokoli çiçeği
- 2 arpacık soğan, doğranmış
- 2 diş sarımsak, kıyılmış
- 1 yemek kaşığı fesleğen, doğranmış
- 1 yemek kaşığı kişniş, doğranmış
- ½ su bardağı hindistan cevizi kreması

Talimatlar:

1. Bir tavayı orta-yüksek ateşte yağla ısıtın, eti, arpacık soğanı ve sarımsağı ekleyin, karıştırın ve 5 dakika kızartın.
2. Brokoliyi ve diğer malzemeleri ekleyin, hepsini karıştırın, orta ateşte 20 dakika pişirin, tabaklara dağıtın ve servis yapın.

Beslenme:kalori 165, yağ 11,5, lif 2,1, karbonhidratlar 7,9, protein 9,6

Yeşil fasulyenin tavuk ve dereotu ile karışımı

Hazırlama süresi: 10 dakika
Pişirme süresi: 25 dakika
Porsiyon: 4

İçindekiler:

- 2 yemek kaşığı zeytinyağı
- 10 ons yeşil fasulye, kesilmiş ve yarıya bölünmüş
- 1 sarı soğan, doğranmış
- 1 yemek kaşığı dereotu, doğranmış
- 2 tavuk göğsü, derisiz, kemiksiz ve ikiye bölünmüş
- 2 su bardağı domates sosu, tuz ilavesiz
- ½ çay kaşığı kırmızı biber gevreği, ezilmiş

Talimatlar:

1. Bir tavayı orta-yüksek ateşte yağla ısıtın, soğanı ve eti ekleyin ve her iki tarafını da 2 dakika kızartın.
2. Yeşil fasulyeyi ve diğer malzemeleri ekleyip karıştırıp fırına verin ve 180 derecede 20 dakika pişirin.
3. Tabaklara paylaştırın ve hemen servis yapın.

Beslenme:kalori 391, yağ 17,8, lif 5, karbonhidratlar 14,8, protein 43,9

Biberli Tavuk ve Kabak

Hazırlama süresi: 5 dakika
Pişirme süresi: 25 dakika
Porsiyon: 4

İçindekiler:
- 1 kiloluk tavuk göğsü, derisiz, kemikli ve küp şeklinde
- 1 bardak düşük sodyumlu tavuk suyu
- 2 kabak kabaca küp şeklinde doğranmış
- 1 yemek kaşığı zeytinyağı
- 1 su bardağı konserve domates, tuzsuz, doğranmış
- 1 sarı soğan, doğranmış
- 1 çay kaşığı biber tozu
- 1 yemek kaşığı kişniş, doğranmış

Talimatlar:

1. Tavayı orta-yüksek ateşte yağla ısıtın, eti ve soğanı ekleyin, karıştırın ve 5 dakika kızartın.
2. Kabakları ve diğer malzemeleri ekleyin, yavaşça karıştırın, ısıyı orta seviyeye düşürün ve 20 dakika pişirin.
3. Her şeyi tabaklara paylaştırın ve servis yapın.

Beslenme:kalori 284, yağ 12,3, lif 2,4, karbonhidrat 8, protein 35

Avokado ve tavuk karışımı

Hazırlama süresi: 10 dakika
Pişirme süresi: 20 dakika
Porsiyon: 4

İçindekiler:

- 2 tavuk göğsü, derisiz, kemiksiz ve ikiye bölünmüş
- ½ limon suyu
- 2 yemek kaşığı zeytinyağı
- 2 diş sarımsak, kıyılmış
- ½ bardak düşük sodyumlu sebze suyu
- 1 avokado soyulmuş, çekirdekleri çıkarılmış ve dilimler halinde kesilmiş
- Bir tutam karabiber

Talimatlar:

1. Tavayı orta ateşte yağla ısıtın, sarımsağı ve eti ekleyin ve her iki tarafını da 2 dakika kızartın.
2. Limon suyunu ve diğer malzemeleri ekleyip kaynatın ve orta ateşte 15 dakika pişirin.
3. Karışımın tamamını tabaklara paylaştırıp servis yapın.

Beslenme:kalori 436, yağ 27,3, lif 3,6, karbonhidratlar 5,6, protein 41,8

Türkiye ve Bok Choy

Hazırlama süresi: 10 dakika
Pişirme süresi: 20 dakika
Porsiyon: 4

İçindekiler:

- 1 hindi göğsü, kemikli, derisiz ve kabaca doğranmış
- 2 arpacık soğan, doğranmış
- 1 kiloluk Çin lahanası, yırtılmış
- 2 yemek kaşığı zeytinyağı
- ½ çay kaşığı zencefil, rendelenmiş
- Bir tutam karabiber
- ½ bardak düşük sodyumlu sebze suyu

Talimatlar:

1. Tavayı orta-yüksek ateşte yağla ısıtın, arpacık soğanı ve zencefili ekleyin ve 2 dakika soteleyin.
2. Eti ekleyip 5 dakika daha kavurun.
3. Geri kalan malzemeleri ekleyin, karıştırın, 13 dakika daha pişirin, tabaklara paylaştırın ve servis yapın.

Beslenme:kalori 125, yağ 8, lif 1,7, karbonhidrat 5,5, protein 9,3

Kırmızı soğanlı tavuk karışımı

Hazırlama süresi: 10 dakika
Pişirme süresi: 25 dakika
Porsiyon: 4

İçindekiler:

- 2 tavuk göğsü, derisiz, kemiksiz ve kabaca doğranmış
- 3 kırmızı soğan, dilimlenmiş
- 2 yemek kaşığı zeytinyağı
- 1 su bardağı düşük sodyumlu sebze suyu
- Bir tutam karabiber
- 1 yemek kaşığı kişniş, doğranmış
- 1 yemek kaşığı frenk soğanı, doğranmış

Talimatlar:

1. Tavayı orta ateşte yağla ısıtın, soğanı ve bir tutam karabiberi ekleyin ve sık sık karıştırarak 10 dakika kızartın.
2. Tavuğu ekleyin ve 3 dakika daha pişirin.
3. Geri kalan malzemeleri ekleyin, kaynatın ve orta ateşte 12 dakika daha pişirin.
4. Tavuk ve soğan karışımını tabaklara paylaştırıp servis yapın.

Beslenme: kalori 364, yağ 17,5, lif 2,1, karbonhidrat 8,8, protein 41,7

Sıcak hindi ve pilav

Hazırlama süresi: 10 dakika
Pişirme süresi: 42 dakika
Porsiyon: 4

İçindekiler:

- 1 hindi göğsü, derisiz, kemikli ve doğranmış
- 1 su bardağı beyaz pirinç
- 2 su bardağı düşük sodyumlu sebze suyu
- 1 çay kaşığı baharatlı kırmızı biber
- 2 küçük Serrano biberi, doğranmış
- 2 diş sarımsak, kıyılmış
- 2 yemek kaşığı zeytinyağı
- ½ doğranmış kırmızı biber
- Bir tutam karabiber

Talimatlar:

1. Tavayı orta ateşte yağla ısıtın, serrano biberlerini ve sarımsağı ekleyip 2 dakika soteleyin.
2. Eti ekleyip 5 dakika kadar kavurun.
3. Pirinci ve diğer malzemeleri ekleyin, kaynatın ve orta ateşte 35 dakika pişirin.
4. Karıştırın, tabaklara dağıtın ve servis yapın.

Beslenme: kalori 271, yağ 7,7, lif 1,7, karbonhidrat 42, protein 7,8

Pırasa ve limonlu tavuk

Hazırlama süresi: 10 dakika
Pişirme süresi: 40 dakika
Porsiyon: 4

İçindekiler:
- 1 kiloluk tavuk göğsü, derisiz, kemikli ve küp şeklinde
- Bir tutam karabiber
- 2 yemek kaşığı avokado yağı
- 1 yemek kaşığı domates sosu, tuz ilavesiz
- 1 su bardağı düşük sodyumlu sebze suyu
- 4 pırasa, kabaca doğranmış
- ½ su bardağı limon suyu

Talimatlar:
1. Tavayı orta ateşte yağla ısıtın, pırasayı ekleyin, karıştırın ve 10 dakika kızartın.
2. Tavuğu ve diğer malzemeleri ekleyip karıştırın, orta ateşte 20 dakika daha pişirin, tabaklara dağıtıp servis yapın.

Beslenme: kalori 199, yağ 13,3, lif 5, karbonhidrat 7,6, protein 17,4

Savoy lahana karışımı ile Türkiye

Hazırlama süresi: 10 dakika
Pişirme süresi: 35 dakika
Porsiyon: 4

İçindekiler:

- 1 büyük hindi göğsü, derisiz, kemikli ve kuşbaşı
- 1 bardak düşük sodyumlu tavuk suyu
- 1 yemek kaşığı hindistan cevizi yağı, eritilmiş
- 1 adet parçalanmış savoy lahana
- 1 çay kaşığı biber tozu
- 1 çay kaşığı tatlı kırmızı biber
- 1 diş sarımsak, kıyılmış
- 1 sarı soğan, doğranmış
- Bir tutam tuz ve karabiber

Talimatlar:

1. Tavayı orta ateşte yağla ısıtın, eti ekleyin ve 5 dakika kızartın.
2. Sarımsak ve soğanı ekleyin, karıştırın ve 5 dakika daha soteleyin.
3. Lahanayı ve kalan malzemeleri ekleyin, karıştırın, kaynatın ve orta ateşte 25 dakika pişirin.
4. Her şeyi tabaklara paylaştırın ve servis yapın.

Beslenme:kalori 299, yağ 14,5, lif 5, karbonhidrat 8,8, protein 12,6

Kırmızı biber arpacık soğanlı tavuk

Hazırlama süresi: 10 dakika
Pişirme süresi: 30 dakika
Porsiyon: 4

İçindekiler:
- 1 kiloluk tavuk göğsü, derisiz, kemikli ve dilimlenmiş
- 4 arpacık soğanı, doğranmış
- 1 yemek kaşığı zeytinyağı
- 1 yemek kaşığı tatlı kırmızı biber
- 1 bardak düşük sodyumlu tavuk suyu
- 1 yemek kaşığı zencefil, rendelenmiş
- 1 çay kaşığı kurutulmuş kekik
- 1 çay kaşığı kimyon, öğütülmüş
- 1 çay kaşığı yenibahar, öğütülmüş
- ½ bardak kişniş, doğranmış
- Bir tutam karabiber

Talimatlar:
1. Tavayı orta ateşte yağla ısıtın, arpacık soğanı ve eti ekleyin ve 5 dakika kızartın.
2. Geri kalan malzemeleri ekleyip karıştırın, fırına verin ve 180°C'de 25 dakika pişirin.
3. Tavuk ve arpacık soğan karışımını tabaklara paylaştırıp servis yapın.

Beslenme:kalori 295, yağ 12,5, lif 6,9, karbonhidratlar 22,4, protein 15,6

Tavuk ve hardal sosu

Hazırlama süresi: 10 dakika
Pişirme süresi: 35 dakika
Porsiyon: 4

İçindekiler:
- 1 kiloluk tavuk but, kemiksiz ve derisiz
- 1 yemek kaşığı avokado yağı
- 2 yemek kaşığı hardal
- 1 arpacık soğanı, doğranmış
- 1 bardak düşük sodyumlu tavuk suyu
- Bir tutam tuz ve karabiber
- 3 diş sarımsak, kıyılmış
- ½ çay kaşığı kurutulmuş fesleğen

Talimatlar:
1. Bir tavayı orta ateşte yağla ısıtın, arpacık soğanı, sarımsak ve tavuğu ekleyin ve her şeyi 5 dakika kızartın.
2. Hardalı ve geri kalan malzemeleri ekleyin, yavaşça karıştırın, kaynatın ve orta ateşte 30 dakika pişirin.
3. Her şeyi tabaklara paylaştırın ve sıcak olarak servis yapın.

Beslenme:kalori 299, yağ 15,5, lif 6,6, karbonhidratlar 30,3, protein 12,5

Tavuk ve kereviz karışımı

Hazırlama süresi: 10 dakika
Pişirme süresi: 35 dakika
Porsiyon: 4

İçindekiler:
- Bir tutam karabiber
- 2 pound tavuk göğsü, derisiz, kemiksiz ve küp şeklinde
- 2 yemek kaşığı zeytinyağı
- 1 bardak kereviz, doğranmış
- 3 diş sarımsak, kıyılmış
- 1 poblano biberi, doğranmış
- 1 su bardağı düşük sodyumlu sebze suyu
- 1 çay kaşığı biber tozu
- 2 yemek kaşığı frenk soğanı, doğranmış

Talimatlar:
1. Tavayı orta ateşte yağla ısıtın, sarımsak, kereviz ve poblano biberini ekleyin, karıştırın ve 5 dakika pişirin.
2. Eti ekleyin, karıştırın ve 5 dakika daha pişirin.
3. Frenk soğanı dışındaki diğer malzemeleri ekleyin, kaynatın ve orta ateşte 25 dakika daha pişirin.
4. Karışımın tamamını tabaklara bölüştürün ve üzerine frenk soğanı serperek servis yapın.

Beslenme:kalori 305, yağ 18, lif 13,4, karbonhidrat 22,5, protein 6

Yeni patatesli limonlu hindi

Hazırlama süresi: 10 dakika
Pişirme süresi: 40 dakika
Porsiyon: 4

İçindekiler:

- 1 hindi göğsü, derisi alınmış, kemikleri çıkarılmış ve dilimlenmiş
- 2 yemek kaşığı zeytinyağı
- 1 pound yeni patates, soyulmuş ve ikiye bölünmüş
- 1 yemek kaşığı tatlı kırmızı biber
- 1 sarı soğan, doğranmış
- 1 çay kaşığı biber tozu
- 1 çay kaşığı kurutulmuş biberiye
- 2 su bardağı düşük sodyumlu tavuk suyu
- Bir tutam karabiber
- 1 limon kabuğu rendesi, rendelenmiş
- 1 yemek kaşığı limon suyu
- 1 yemek kaşığı kişniş, doğranmış

Talimatlar:

1. Tavayı orta ateşte yağla ısıtın, soğanı, toz biberi ve biberiyeyi ekleyin, karıştırın ve 5 dakika kızartın.
2. Eti ekleyip 5 dakika daha kavurun.
3. Patatesleri ve kişniş dışındaki diğer malzemeleri ekleyin, hafifçe karıştırın, kaynatın ve orta ateşte 30 dakika pişirin.
4. Karışımı tabaklara bölüştürün ve üzerine kişniş serperek servis yapın.

Beslenme:kalori 345, yağ 22,2, lif 12,3, karbonhidratlar 34,5, protein 16,4

Hardallı tavuk

Hazırlama süresi: 10 dakika
Pişirme süresi: 25 dakika
Porsiyon: 4

İçindekiler:

- 2 tavuk göğsü, derisiz, kemiksiz ve küp şeklinde doğranmış
- 3 bardak hardal
- 1 su bardağı konserve domates, tuzsuz, doğranmış
- 1 kırmızı soğan, doğranmış
- 2 yemek kaşığı avokado yağı
- 1 çay kaşığı kurutulmuş kekik
- 2 diş sarımsak, kıyılmış
- 1 yemek kaşığı frenk soğanı, doğranmış
- 1 yemek kaşığı balzamik sirke
- Bir tutam karabiber

Talimatlar:

1. Tavayı yağla orta-yüksek ateşte ısıtın, soğanı ve sarımsağı ekleyin ve 5 dakika soteleyin.
2. Eti ekleyin ve 5 dakika daha kızartın.
3. Sebzeleri, domatesleri ve diğer malzemeleri ekleyip karıştırın, orta ateşte 20 dakika pişirin, tabaklara paylaştırın ve servis yapın.

Beslenme:kalori 290, yağ 12,3, lif 6,7, karbonhidratlar 22,30, protein 14,3

Fırında tavuk ve elma

Hazırlama süresi: 10 dakika
Pişirme süresi: 50 dakika
Porsiyon: 4

İçindekiler:
- 2 kilo tavuk budu, kemiksiz ve derisiz
- 2 yemek kaşığı zeytinyağı
- 2 kırmızı soğan, dilimlenmiş
- Bir tutam karabiber
- 1 çay kaşığı kurutulmuş kekik
- 1 çay kaşığı kurutulmuş fesleğen
- 1 su bardağı yeşil elma, çekirdeği çıkarılmış ve kabaca doğranmış
- 2 diş sarımsak, kıyılmış
- 2 su bardağı düşük sodyumlu tavuk suyu
- 1 yemek kaşığı limon suyu
- 1 su bardağı domates, doğranmış
- 1 yemek kaşığı kişniş, doğranmış

Talimatlar:

1. Tavayı yağla orta-yüksek ateşte ısıtın, soğanı ve sarımsağı ekleyin ve 5 dakika soteleyin.
2. Tavuğu ekleyin ve 5 dakika daha kızartın.
3. Kekik, fesleğen ve diğer malzemeleri ekleyip hafifçe karıştırıp fırına verip 180 derecede 40 dakika pişirin.
4. Tavuk ve elma karışımını tabaklara paylaştırıp servis yapın.

Beslenme:kalori 290, yağ 12,3, lif 4, karbonhidrat 15,7, protein 10

Chipotle Tavuk

Hazırlama süresi: 10 dakika
Pişirme süresi: 1 saat
Porsiyon: 6

İçindekiler:
- 2 kilo tavuk budu, kemiksiz ve derisiz
- 1 sarı soğan, doğranmış
- 2 yemek kaşığı zeytinyağı
- 3 diş sarımsak, kıyılmış
- 1 yemek kaşığı kişniş tohumu, öğütülmüş
- 1 çay kaşığı kimyon, öğütülmüş
- 1 bardak düşük sodyumlu tavuk suyu
- 4 yemek kaşığı chipotle biber salçası
- Bir tutam karabiber
- 1 yemek kaşığı kişniş, doğranmış

Talimatlar:

1. Tavayı orta ateşte yağla ısıtın, soğanı ve sarımsağı ekleyip 5 dakika kızartın.
2. Eti ekleyip 5 dakika daha kavurun.
3. Geri kalan malzemeleri ekleyin, karıştırın, hepsini fırına koyun ve 180 derecede 50 dakika pişirin.
4. Karışımın tamamını tabaklara paylaştırıp servis yapın.

Beslenme:kalori 280, yağ 12,1, lif 6,3, karbonhidratlar 15,7, protein 12

Türkiye'de otlar ile

Hazırlama süresi: 10 dakika
Pişirme süresi: 35 dakika
Porsiyon: 4

İçindekiler:

- 1 büyük hindi göğsü, kemikli, derisiz ve dilimlenmiş
- 1 yemek kaşığı frenk soğanı, doğranmış
- 1 yemek kaşığı kıyılmış kekik
- 1 yemek kaşığı fesleğen, doğranmış
- 1 yemek kaşığı kişniş, doğranmış
- 2 arpacık soğan, doğranmış
- 2 yemek kaşığı zeytinyağı
- 1 bardak düşük sodyumlu tavuk suyu
- 1 su bardağı domates, doğranmış
- Tatmak için tuz ve karabiber

Talimatlar:

1. Tavayı orta ateşte yağla ısıtın, arpacık soğanı ve eti ekleyin ve 5 dakika kızartın.
2. Frenk soğanı ve diğer malzemeleri ekleyin, karıştırın, kaynatın ve orta ateşte 30 dakika pişirin.
3. Karışımı tabaklara paylaştırıp servis yapın.

Beslenme:kalori 290, yağ 11,9, lif 5,5, karbonhidratlar 16,2, protein 9

Tavuk ve zencefil sosu

Hazırlama süresi: 10 dakika
Pişirme süresi: 35 dakika
Porsiyon: 4

İçindekiler:
- 1 kiloluk tavuk göğsü, derisiz, kemikli ve küp şeklinde
- 1 yemek kaşığı zencefil, rendelenmiş
- 1 yemek kaşığı zeytinyağı
- 2 arpacık soğan, doğranmış
- 1 yemek kaşığı balzamik sirke
- Bir tutam karabiber
- ¾ bardak düşük sodyumlu tavuk suyu
- 1 yemek kaşığı fesleğen, doğranmış

Talimatlar:
1. Tavayı orta ateşte yağla ısıtın, arpacık soğanı ve zencefili ekleyin, karıştırın ve 5 dakika kızartın.
2. Tavuk hariç diğer malzemeleri ekleyin, karıştırın, kaynatın ve 5 dakika daha pişirin.
3. Tavuğu ekleyin, karıştırın, karışımın tamamını 25 dakika pişirin, tabaklara paylaştırın ve servis yapın.

Beslenme:kalori 294, yağ 15,5, lif 3, karbonhidratlar 15,4, protein 13,1

Tavuk ve Mısır

Hazırlama süresi: 10 dakika
Pişirme süresi: 35 dakika
Porsiyon: 4

İçindekiler:

- 2 kilo tavuk göğsü, derisiz, kemiksiz ve ikiye bölünmüş
- 2 su bardağı mısır
- 2 yemek kaşığı avokado yağı
- Bir tutam karabiber
- 1 çay kaşığı füme kırmızı biber
- 1 demet yeşil soğan, doğranmış
- 1 bardak düşük sodyumlu tavuk suyu

Talimatlar:

1. Tavayı orta-yüksek ateşte yağla ısıtın, yeşil soğanları ekleyin, karıştırın ve 5 dakika kızartın.
2. Tavukları ekleyip 5 dakika daha kavurun.
3. Mısırı ve diğer malzemeleri ekleyip karıştırın, tavayı fırına koyun ve 180°C'de 25 dakika pişirin.
4. Karışımı tabaklara paylaştırıp servis yapın.

Beslenme:kalori 270, yağ 12,4, lif 5,2, karbonhidrat 12, protein 9

Körili Hindi ve Kinoa

Hazırlama süresi: 10 dakika
Pişirme süresi: 40 dakika
Porsiyon: 4

İçindekiler:

- 1 pound hindi göğsü, derisiz, kemikli ve küp şeklinde
- 1 yemek kaşığı zeytinyağı
- 1 bardak kinoa
- 2 su bardağı düşük sodyumlu tavuk suyu
- 1 yemek kaşığı limon suyu
- 1 yemek kaşığı maydanoz, doğranmış
- Bir tutam karabiber
- 1 yemek kaşığı kırmızı köri ezmesi

Talimatlar:

1. Tavayı orta-yüksek ateşte yağla ısıtın, eti ekleyin ve 5 dakika kızartın.
2. Kinoayı ve diğer malzemeleri ekleyin, karıştırın, kaynatın ve orta ateşte 35 dakika pişirin.
3. Her şeyi tabaklara paylaştırın ve servis yapın.

Beslenme:kalori 310, yağ 8,5, lif 11, karbonhidratlar 30,4, protein 16,3

Türkiye yaban havucu ve kimyon

Hazırlama süresi: 10 dakika
Pişirme süresi: 40 dakika
Porsiyon: 4

İçindekiler:

- 1 pound hindi göğsü, derisiz, kemikli ve küp şeklinde
- 2 yaban havucu, soyulmuş ve küp şeklinde kesilmiş
- 2 çay kaşığı kimyon, öğütülmüş
- 1 yemek kaşığı maydanoz, doğranmış
- 2 yemek kaşığı avokado yağı
- 2 arpacık soğan, doğranmış
- 1 bardak düşük sodyumlu tavuk suyu
- 4 diş sarımsak, kıyılmış
- Bir tutam karabiber

Talimatlar:

1. Tavayı orta ateşte yağla ısıtın, arpacık soğanı ve sarımsağı ekleyin ve 5 dakika kızartın.
2. Hindiyi ekleyin, karıştırın ve 5 dakika daha pişirin.
3. Yaban havuçlarını ve diğer malzemeleri ekleyip karıştırın, orta ateşte 30 dakika daha pişirin, tabaklara dağıtın ve servis yapın.

Beslenme:kalori 284, yağ 18,2, lif 4, karbonhidratlar 16,7, protein 12,3

Hindi ve kişnişli nohut

Hazırlama süresi: 10 dakika
Pişirme süresi: 40 dakika
Porsiyon: 4

İçindekiler:

- 1 su bardağı konserve nohut, tuz eklenmemiş, süzülmüş
- 1 bardak düşük sodyumlu tavuk suyu
- 1 pound hindi göğsü, derisiz, kemikli ve küp şeklinde
- Bir tutam karabiber
- 1 çay kaşığı kurutulmuş kekik
- 1 çay kaşığı küçük hindistan cevizi, öğütülmüş
- 2 yemek kaşığı zeytinyağı
- 1 sarı soğan, doğranmış
- 1 yeşil biber, doğranmış
- 1 bardak kişniş, doğranmış

Talimatlar:

1. Tavayı orta ateşte yağla ısıtın, soğanı, biberi ve eti ekleyin ve sık sık karıştırarak 10 dakika pişirin.
2. Geri kalan malzemeleri ekleyin, karıştırın, kaynatın ve orta ateşte 30 dakika pişirin.
3. Karışımı tabaklara paylaştırıp servis yapın.

Beslenme:kalori 304, yağ 11,2, lif 4,5, karbonhidratlar 22,2, protein 17

Hindi Mercimek ve Köri

Hazırlama süresi: 10 dakika
Pişirme süresi: 40 dakika
Porsiyon: 4

İçindekiler:

- 2 pound hindi göğsü, derisiz, kemikli ve küp şeklinde
- 1 su bardağı konserve mercimek, tuz eklenmemiş, süzülmüş ve durulanmış
- 1 yemek kaşığı yeşil köri ezmesi
- 1 çay kaşığı garam masala
- 2 yemek kaşığı zeytinyağı
- 1 sarı soğan, doğranmış
- 1 diş sarımsak, kıyılmış
- Bir tutam karabiber
- 1 yemek kaşığı kişniş, doğranmış

Talimatlar:

1. Tavayı orta ateşte yağla ısıtın, soğanı, sarımsağı ve eti ekleyin ve sık sık karıştırarak 5 dakika kızartın.
2. Mercimeği ve diğer malzemeleri ekleyip kaynatın ve orta ateşte 35 dakika pişirin.
3. Karışımı tabaklara paylaştırıp servis yapın.

Beslenme:kalori 489, yağ 12,1, lif 16,4, karbonhidratlar 42,4, protein 51,5

Fasulye ve Zeytinli Hindi

Hazırlama süresi: 10 dakika
Pişirme süresi: 35 dakika
Porsiyon: 4

İçindekiler:

- 1 su bardağı siyah fasulye, tuzsuz ve süzülmüş
- 1 su bardağı yeşil zeytin, çekirdeği çıkarılmış ve ikiye bölünmüş
- 1 kiloluk hindi göğsü, derisiz, kemikli ve dilimlenmiş
- 1 yemek kaşığı kişniş, doğranmış
- 1 su bardağı domates sosu, tuz ilavesiz
- 1 yemek kaşığı zeytinyağı

Talimatlar:

1. Fırın tepsisini yağla yağlayın, hindi dilimlerini içine yerleştirin, diğer malzemeleri ekleyin, pişirin ve 180°'de 35 dakika pişirin.
2. Tabaklara paylaştırıp servis yapın.

Beslenme:kalori 331, yağ 6,4, lif 9, karbonhidratlar 38,5, protein 30,7

Domates soslu tavuk ve kinoa

Hazırlama süresi: 10 dakika
Pişirme süresi: 35 dakika
Porsiyon: 8

İçindekiler:

- 1 yemek kaşığı zeytinyağı
- 2 pound tavuk göğsü, derisiz, kemikli ve ikiye bölünmüş
- 1 çay kaşığı biberiye, öğütülmüş
- Bir tutam tuz ve karabiber
- 2 arpacık soğan, doğranmış
- 1 yemek kaşığı zeytinyağı
- 3 yemek kaşığı düşük sodyumlu domates sosu
- 2 bardak kinoa, önceden pişirilmiş

Talimatlar:

1. Bir tavayı orta-yüksek ateşte yağla ısıtın, eti ve arpacık soğanı ekleyin ve her iki tarafını da 2 dakika kızartın.
2. Biberiye ve diğer malzemeleri ekleyip karıştırıp fırına verin ve 180 derecede 30 dakika pişirin.
3. Karışımı tabaklara paylaştırıp servis yapın.

Beslenme:kalori 406, yağ 14,5, lif 3,1, karbonhidratlar 28,1, protein 39

Yenibaharlı tavuk kanadı

Hazırlama süresi: 10 dakika
Pişirme süresi: 20 dakika
Porsiyon: 4

İçindekiler:

- 2 kilo tavuk kanadı
- 2 çay kaşığı yenibahar, öğütülmüş
- 2 yemek kaşığı avokado yağı
- 5 diş sarımsak, kıyılmış
- Tatmak için karabiber
- 2 yemek kaşığı frenk soğanı, doğranmış

Talimatlar:

1. Bir kapta tavuk kanatlarını yenibahar ve diğer malzemelerle birleştirip iyice karıştırın.
2. Tavuk kanatlarını bir fırın tepsisine yerleştirin ve 400 derece F'de 20 dakika pişirin.
3. Tavuk kanatlarını tabaklara paylaştırıp servis yapın.

Beslenme:kalori 449, yağ 17,8, lif 0,6, karbonhidratlar 2,4, protein 66,1

Tavuk ve kar bezelye

Hazırlama süresi: 10 dakika
Pişirme süresi: 30 dakika
Porsiyon: 4

İçindekiler:

- 2 pound tavuk göğsü, derisiz, kemikli ve küp şeklinde
- 2 su bardağı kar bezelyesi
- 2 yemek kaşığı zeytinyağı
- 1 kırmızı soğan, doğranmış
- 1 su bardağı konserve domates sosu, tuz ilavesiz
- 2 yemek kaşığı maydanoz, doğranmış
- Bir tutam karabiber

Talimatlar:

1. Tavayı orta ateşte yağla ısıtın, soğanı ve eti ekleyin ve 5 dakika kızartın.
2. Bezelyeyi ve diğer malzemeleri ekleyin, kaynatın ve orta ateşte 25 dakika pişirin.
3. Karışımı tabaklara paylaştırıp servis yapın.

Beslenme:kalori 551, yağ 24,2, lif 3,8, karbonhidratlar 11,7, protein 69,4

Karides ve ananas karışımı

Hazırlama süresi: 10 dakika

Pişirme süresi: 10 dakika
Porsiyon: 4

İçindekiler:
- 1 yemek kaşığı zeytinyağı
- 1 kiloluk karides, soyulmuş ve derisi alınmış
- 1 bardak ananas, soyulmuş ve doğranmış
- 1 limonun suyu
- Bir demet kıyılmış maydanoz

Talimatlar:
1. Tavayı orta ateşte yağla ısıtın, karidesleri ekleyin ve her iki tarafını da 3 dakika pişirin.
2. Geri kalan malzemeleri ekleyin, her şeyi 4 dakika daha pişirin, kaselere paylaştırın ve servis yapın.

Beslenme:kalori 254, yağ 13,3, lif 6, karbonhidrat 14,9, protein 11

Somon ve Yeşil Zeytin

Hazırlama süresi: 10 dakika
Pişirme süresi: 20 dakika
Porsiyon: 4

İçindekiler:

- 1 sarı soğan, doğranmış
- 1 su bardağı yeşil zeytin, çekirdeği çıkarılmış ve ikiye bölünmüş
- 1 çay kaşığı biber tozu
- Tatmak için karabiber
- 2 yemek kaşığı zeytinyağı
- ¼ bardak düşük sodyumlu sebze suyu
- 4 somon filetosu, derisiz ve kemiksiz
- 2 yemek kaşığı frenk soğanı, doğranmış

Talimatlar:

1. Tavayı yağla orta-yüksek ateşte ısıtın, soğanı ekleyin ve 3 dakika kızartın.
2. Somonu ekleyin ve her tarafını 5 dakika pişirin. Geri kalan malzemeleri ekleyip karışımı 5 dakika daha pişirip tabaklara paylaştırıp servis yapın.

Beslenme:kalori 221, yağ 12,1, lif 5,4, karbonhidratlar 8,5, protein 11,2

Somon ve Rezene

Hazırlama süresi: 5 dakika
Pişirme süresi: 15 dakika
Porsiyon: 4

İçindekiler:
- 4 orta boy somon fileto, derisiz ve kemikli
- 1 rezene soğanı, doğranmış
- ½ bardak düşük sodyumlu sebze suyu
- 2 yemek kaşığı zeytinyağı
- Tatmak için karabiber
- ¼ bardak düşük sodyumlu sebze suyu
- 1 yemek kaşığı limon suyu
- 1 yemek kaşığı kişniş, doğranmış

Talimatlar:
1. Tavayı orta ateşte yağla ısıtın, rezeneyi ekleyin ve 3 dakika pişirin.
2. Balıkları ekleyin ve her iki tarafını da 4'er dakika kızartın.
3. Geri kalan malzemeleri ekleyin, her şeyi 4 dakika daha pişirin, tabaklara dağıtın ve servis yapın.

Beslenme:kalori 252, yağ 9,3, lif 4,2, karbonhidratlar 12,3, protein 9

Morina ve Kuşkonmaz

Hazırlama süresi: 10 dakika
Pişirme süresi: 14 dakika
Porsiyon: 4

İçindekiler:

- 1 yemek kaşığı zeytinyağı
- 1 kırmızı soğan, doğranmış
- 1 kiloluk morina filetosu, kemiksiz
- 1 demet kuşkonmaz, doğranmış
- Tatmak için karabiber
- 1 su bardağı hindistan cevizi kreması
- 1 yemek kaşığı frenk soğanı, doğranmış

Talimatlar:

1. Tavayı orta ateşte yağla ısıtın, soğanı ve morina balığını ekleyin ve her iki tarafını da 3 dakika pişirin.
2. Geri kalan malzemeleri ekleyin, her şeyi 8 dakika daha pişirin, tabaklara dağıtın ve servis yapın.

Beslenme:kalori 254, yağ 12,1, lif 5,4, karbonhidratlar 4,2, protein 13,5

Baharatlı Karides

Hazırlama süresi: 5 dakika
Pişirme süresi: 8 dakika
Porsiyon: 4

İçindekiler:
- 1 çay kaşığı sarımsak tozu
- 1 çay kaşığı füme kırmızı biber
- 1 çay kaşığı kimyon, öğütülmüş
- 1 çay kaşığı yenibahar, öğütülmüş
- 2 yemek kaşığı zeytinyağı
- 2 kilo karides, soyulmuş ve derisi alınmış
- 1 yemek kaşığı frenk soğanı, doğranmış

Talimatlar:
1. Tavayı orta ateşte yağla ısıtın, karidesleri, sarımsak tozunu ve diğer malzemeleri ekleyin, her iki tarafını da 4'er dakika pişirin, kaselere paylaştırın ve servis yapın.

Beslenme:kalori 212, yağ 9,6, lif 5,3, karbonhidratlar 12,7, protein 15,4

Levrek ve domates

Hazırlama süresi: 10 dakika
Pişirme süresi: 30 dakika
Porsiyon: 4

İçindekiler:

- 2 yemek kaşığı zeytinyağı
- 2 kilo levrek filetosu, derisiz ve kemiksiz
- Tatmak için karabiber
- 2 su bardağı kiraz domates, ikiye bölünmüş
- 1 yemek kaşığı frenk soğanı, doğranmış
- 1 yemek kaşığı limon kabuğu rendesi, rendelenmiş
- ¼ bardak limon suyu

Talimatlar:

1. Fırın tepsisini sıvı yağla yağlayıp üzerine balıkları dizin.
2. Domatesleri ve diğer malzemeleri ekleyin, tavayı fırına koyun ve 180°C'de 30 dakika pişirin.
3. Her şeyi tabaklara paylaştırın ve servis yapın.

Beslenme:kalori 272, yağ 6,9, lif 6,2, karbonhidratlar 18,4, protein 9

Karides ve Fasulye

Hazırlama süresi: 10 dakika
Pişirme süresi: 12 dakika
Porsiyon: 4

İçindekiler:
- 1 kiloluk karides, temizlenmiş ve soyulmuş
- 1 yemek kaşığı zeytinyağı
- 1 misket limonunun suyu
- 1 su bardağı konserve siyah fasulye, tuz eklenmemiş, süzülmüş
- 1 arpacık soğanı, doğranmış
- 1 yemek kaşığı kıyılmış kekik
- 2 diş sarımsak, kıyılmış
- Tatmak için karabiber

Talimatlar:
1. Tavayı yağla orta-yüksek ateşte ısıtın, arpacık soğanı ve sarımsağı ekleyin, karıştırın ve 3 dakika pişirin.
2. Karidesleri ekleyin ve her iki tarafını da 2 dakika pişirin.
3. Fasulyeleri ve diğer malzemeleri ekleyin, her şeyi orta ateşte 5 dakika daha pişirin, kaselere paylaştırın ve servis yapın.

Beslenme:kalori 253, yağ 11,6, lif 6, karbonhidrat 14,5, protein 13,5

Karides ve yaban turpu karışımı

Hazırlama süresi: 5 dakika
Pişirme süresi: 8 dakika
Porsiyon: 4

İçindekiler:
- 1 kiloluk karides, soyulmuş ve derisi alınmış
- 2 arpacık soğan, doğranmış
- 1 yemek kaşığı zeytinyağı
- 1 yemek kaşığı frenk soğanı, doğranmış
- 2 çay kaşığı hazırlanmış yaban turpu
- ¼ bardak hindistan cevizi kreması
- Tatmak için karabiber

Talimatlar:
4 Tavayı orta ateşte yağla ısıtın, arpacık soğanı ve yaban turpunu
  ekleyin, karıştırın ve 2 dakika kızartın.
5 Karidesleri ve diğer malzemeleri ekleyip karıştırın, 6 dakika
  daha pişirin, tabaklara dağıtın ve servis yapın.

Beslenme:kalori 233, yağ 6, lif 5, karbonhidrat 11,9, protein 5,4

Karides ve tarhun salatası

Hazırlama süresi: 4 dakika
Pişirme süresi: 0 dakika
Porsiyon: 4

İçindekiler:
- 1 kiloluk karides, pişmiş, soyulmuş ve derisi alınmış
- 1 yemek kaşığı tarhun, doğranmış
- 1 yemek kaşığı kapari, süzülmüş
- 2 yemek kaşığı zeytinyağı
- Tatmak için karabiber
- 2 su bardağı bebek ıspanak
- 1 yemek kaşığı balzamik sirke
- 1 küçük kırmızı soğan, dilimlenmiş
- 2 yemek kaşığı limon suyu

Talimatlar:
4 Bir kasede karidesleri tarhun ve diğer malzemelerle birleştirin, karıştırıp servis yapın.

Beslenme:kalori 258, yağ 12,4, lif 6, karbonhidratlar 6,7, protein 13,3

Parmesan ile morina karışımı

Hazırlama süresi: 10 dakika
Pişirme süresi: 20 dakika
Porsiyon: 4

İçindekiler:

- 4 morina filetosu, kemiksiz
- ½ bardak az yağlı parmesan, rendelenmiş
- 3 diş sarımsak, kıyılmış
- 1 yemek kaşığı zeytinyağı
- 1 yemek kaşığı limon suyu
- ½ bardak yeşil soğan, doğranmış

Talimatlar:

1. Tavayı orta ateşte yağla ısıtın, sarımsak ve yeşil soğanı ekleyin, karıştırın ve 5 dakika soteleyin.
2. Balıkları ekleyin ve her tarafını 4 dakika pişirin.
3. Limon suyunu ekleyin, üzerine parmesan serpin, her şeyi 2 dakika daha pişirin, tabaklara dağıtın ve servis yapın.

Beslenme:kalori 275, yağ 22,1, lif 5, karbonhidrat 18,2, protein 12

Tilapia ve kırmızı soğan karışımı

Hazırlama süresi: 10 dakika
Pişirme süresi: 15 dakika
Porsiyon: 4

İçindekiler:
- 4 tilapia filetosu, kemiksiz
- 2 yemek kaşığı zeytinyağı
- 1 yemek kaşığı limon suyu
- 2 çay kaşığı limon kabuğu rendesi, rendelenmiş
- 2 kırmızı soğan, kabaca doğranmış
- 3 yemek kaşığı frenk soğanı, doğranmış

Talimatlar:
1. Tavayı orta ateşte yağla ısıtın, soğanları, limon kabuğu rendesini ve suyunu ekleyin, karıştırın ve 5 dakika kızartın.
2. Balıkları ve frenk soğanı ekleyip her iki tarafını da 5'er dakika pişirin, tabaklara paylaştırıp servis yapın.

Beslenme:kalori 254, yağ 18,2, lif 5,4, karbonhidratlar 11,7, protein 4,5

Alabalık salatası

Hazırlama süresi: 6 dakika
Pişirme süresi: 0 dakika
Porsiyon: 4

İçindekiler:

- 4 ons füme alabalık, derisiz, kemikli ve küp şeklinde
- 1 yemek kaşığı limon suyu
- 1/3 bardak az yağlı yoğurt
- 2 avokado, soyulmuş, çekirdeği çıkarılmış ve küp şeklinde kesilmiş
- 3 yemek kaşığı frenk soğanı, doğranmış
- Tatmak için karabiber
- 1 yemek kaşığı zeytinyağı

Talimatlar:

1. Bir kapta alabalığı avokado ve diğer malzemelerle birleştirin, karıştırın ve servis yapın.

Beslenme:kalori 244, yağ 9,45, lif 5,6, karbonhidratlar 8,5, protein 15

Balzamik Alabalık

Hazırlama süresi: 5 dakika
Pişirme süresi: 15 dakika
Porsiyon: 4

İçindekiler:
- 3 yemek kaşığı balzamik sirke
- 2 yemek kaşığı zeytinyağı
- 4 alabalık filetosu, kemikleri çıkarılmış
- 3 yemek kaşığı maydanoz, ince doğranmış
- 2 diş sarımsak, kıyılmış

Talimatlar:
1. Tavayı orta ateşte yağla ısıtın, alabalığı ekleyin ve her iki tarafını da 6 dakika pişirin.
2. Geri kalan malzemeleri ekleyin, 3 dakika daha pişirin, tabaklara dağıtın ve yanında salata ile servis yapın.

Beslenme:kalori 314, yağ 14,3, lif 8,2, karbonhidratlar 14,8, protein 11,2

Somon Maydanoz

Hazırlama süresi: 5 dakika
Pişirme süresi: 12 dakika
Porsiyon: 4

İçindekiler:
- 2 taze soğan, doğranmış
- 2 çay kaşığı limon suyu
- 1 yemek kaşığı frenk soğanı, doğranmış
- 1 yemek kaşığı zeytinyağı
- 4 somon filetosu, kemiksiz
- Tatmak için karabiber
- 2 yemek kaşığı maydanoz, doğranmış

Talimatlar:
1. Tavayı orta ateşte yağla ısıtın, taze soğanları ekleyin, karıştırın ve 2 dakika kızartın.
2. Somonu ve diğer malzemeleri ekleyip her iki tarafını da 5'er dakika pişirip tabaklara paylaştırıp servis yapın.

Beslenme:kalori 290, yağ 14,4, lif 5,6, karbonhidratlar 15,6, protein 9,5

Alabalık ve sebze salatası

Hazırlama süresi: 5 dakika
Pişirme süresi: 0 dakika
Porsiyon: 4

İçindekiler:
- 2 yemek kaşığı zeytinyağı
- ½ bardak Kalamata zeytini, çekirdekleri çıkarılmış ve doğranmış
- Tatmak için karabiber
- 1 pound füme alabalık, kemikleri çıkarılmış, derisi yüzülmüş ve doğranmış
- ½ çay kaşığı limon kabuğu rendesi, rendelenmiş
- 1 yemek kaşığı limon suyu
- 1 su bardağı kiraz domates, ikiye bölünmüş
- ½ kırmızı soğan, dilimlenmiş
- 2 bardak bebek roka

Talimatlar:
1. Bir kapta füme alabalıkları zeytin, karabiber ve diğer malzemelerle birleştirip karıştırıp servis yapın.

Beslenme:kalori 282, yağ 13,4, lif 5,3, karbonhidratlar 11,6, protein 5,6

Safran somonu

Hazırlama süresi: 10 dakika
Pişirme süresi: 12 dakika
Porsiyon: 4

İçindekiler:

- Tatmak için karabiber
- ½ çay kaşığı tatlı kırmızı biber
- 4 somon filetosu, kemiksiz
- 3 yemek kaşığı zeytinyağı
- 1 sarı soğan, doğranmış
- 2 diş sarımsak, kıyılmış
- ¼ çay kaşığı safran tozu

Talimatlar:

1. Tavayı orta-yüksek ateşte yağla ısıtın, soğanı ve sarımsağı ekleyin, karıştırın ve 2 dakika kızartın.
2. Somonu ve diğer malzemeleri ekleyip her iki tarafını da 5'er dakika pişirip tabaklara paylaştırıp servis yapın.

Beslenme:kalori 339, yağ 21,6, lif 0,7, karbonhidratlar 3,2, protein 35

Karides ve karpuz salatası

Hazırlama süresi: 10 dakika
Pişirme süresi: 0 dakika
Porsiyon: 4

İçindekiler:
- ¼ bardak fesleğen, doğranmış
- 2 su bardağı karpuz, soyulmuş ve doğranmış
- 2 yemek kaşığı balzamik sirke
- 2 yemek kaşığı zeytinyağı
- 1 kiloluk karides, soyulmuş, kesilmiş ve pişirilmiş
- Tatmak için karabiber
- 1 yemek kaşığı maydanoz, doğranmış

Talimatlar:
1. Bir kapta karidesleri karpuz ve diğer malzemelerle birleştirip karıştırıp servis yapın.

Beslenme:kalori 220, yağ 9, lif 0,4, karbonhidratlar 7,6, protein 26,4

Kekik ve kinoa ile karides salatası

Hazırlama süresi: 5 dakika
Pişirme süresi: 8 dakika
Porsiyon: 4

İçindekiler:

- 1 kiloluk karides, soyulmuş ve derisi alınmış
- 1 bardak kinoa, pişmiş
- Tatmak için karabiber
- 1 yemek kaşığı zeytinyağı
- 1 yemek kaşığı kıyılmış kekik
- 1 kırmızı soğan, doğranmış
- 1 limonun suyu

Talimatlar:

1. Tavayı yağla orta-yüksek ateşte ısıtın, soğanı ekleyin, karıştırın ve 2 dakika kızartın.
2. Karidesleri ekleyin, karıştırın ve 5 dakika pişirin.
3. Geri kalan malzemeleri ekleyin, karıştırın, kaselere paylaştırın ve servis yapın.

Beslenme:kalori 336, yağ 8,2, lif 4,1, karbonhidratlar 32,3, protein 32,3

Yengeç salatası

Hazırlama süresi: 10 dakika
Pişirme süresi: 0 dakika
Porsiyon: 4

İçindekiler:
- 1 yemek kaşığı zeytinyağı
- 2 su bardağı yengeç eti
- Tatmak için karabiber
- 1 su bardağı kiraz domates, ikiye bölünmüş
- 1 arpacık soğanı, doğranmış
- 1 yemek kaşığı limon suyu
- 1/3 bardak kişniş, doğranmış

Talimatlar:
1. Bir kapta yengeci domates ve diğer malzemelerle birleştirin, karıştırıp servis yapın.

Beslenme:kalori 54, yağ 3,9, lif 0,6, karbonhidratlar 2,6, protein 2,3

Balzamikli tarak

Hazırlama süresi: 4 dakika
Pişirme süresi: 6 dakika
Porsiyon: 4

İçindekiler:
- 12 ons deniz tarağı
- 2 yemek kaşığı zeytinyağı
- 2 diş sarımsak, kıyılmış
- 1 yemek kaşığı balzamik sirke
- 1 bardak arpacık soğanı, dilimlenmiş
- 2 yemek kaşığı kişniş, doğranmış

Talimatlar:
1. Tavayı orta ateşte yağla ısıtın, arpacık soğanı ve sarımsağı ekleyin ve 2 dakika kızartın.
2. Deniz taraklarını ve diğer malzemeleri ekleyip her iki tarafını da 2'şer dakika pişirip tabaklara paylaştırıp servis yapın.

Beslenme:kalori 146, yağ 7,7, lif 0,7, karbonhidratlar 4,4, protein 14,8

Pisi balığı kremalı karışımı

Hazırlama süresi: 10 dakika
Pişirme süresi: 20 dakika
Porsiyon: 4

İçindekiler:

- 2 yemek kaşığı zeytinyağı
- 1 kırmızı soğan, doğranmış
- Tatmak için karabiber
- ½ bardak düşük sodyumlu sebze suyu
- 4 adet pisi balığı filetosu, kemikleri çıkarılmış
- ½ su bardağı hindistan cevizi kreması
- 1 yemek kaşığı dereotu, doğranmış

Talimatlar:

1. Tavayı orta ateşte yağla ısıtın, soğanı ekleyin, karıştırın ve 5 dakika kızartın.
2. Balıkları ekleyin ve her tarafını 4 dakika pişirin.
3. Geri kalan malzemeleri ekleyin, 7 dakika daha pişirin, tabaklara paylaştırın ve servis yapın.

Beslenme:kalori 232, yağ 12,3, lif 4, karbonhidrat 8,7, protein 12

Somon ve mangonun baharatlı karışımı

Hazırlama süresi: 5 dakika
Pişirme süresi: 0 dakika
Porsiyon: 4

İçindekiler:

- 1 pound füme somon, kemiksiz, derisiz ve pul pul
- Tatmak için karabiber
- 1 kırmızı soğan, doğranmış
- 1 mango, soyulmuş, çekirdeği çıkarılmış ve doğranmış
- 2 jalapeno biber, doğranmış
- ¼ bardak maydanoz, doğranmış
- 3 yemek kaşığı limon suyu
- 1 yemek kaşığı zeytinyağı

Talimatlar:

2. Bir kapta somonu karabiber ve diğer malzemelerle karıştırıp, karıştırıp servis yapın.

Beslenme:kalori 323, yağ 14,2, lif 4, karbonhidrat 8,5, protein 20,4

Dereotu karides karışımı

Hazırlama süresi: 5 dakika
Pişirme süresi: 0 dakika
Porsiyon: 4

İçindekiler:
- 2 çay kaşığı limon suyu
- 1 yemek kaşığı zeytinyağı
- 1 yemek kaşığı dereotu, doğranmış
- 1 kiloluk karides, pişmiş, soyulmuş ve derisi alınmış
- Tatmak için karabiber
- 1 bardak turp, doğranmış

Talimatlar:
1. Bir kapta karidesleri limon suyu ve diğer malzemelerle birleştirip karıştırıp servis yapın.

Beslenme:kalori 292, yağ 13, lif 4,4, karbonhidrat 8, protein 16,4

Somon Ezmesi

Hazırlama süresi: 4 dakika
Pişirme süresi: 0 dakika
Porsiyon: 6

İçindekiler:

- 6 ons füme somon, kemikli, derisiz ve doğranmış
- 2 yemek kaşığı az yağlı yoğurt
- 3 çay kaşığı limon suyu
- 2 taze soğan, doğranmış
- 8 ons az yağlı krem peynir
- ¼ bardak kişniş, doğranmış

Talimatlar:

1. Bir kasede somonu yoğurt ve diğer malzemelerle birleştirip harmanlayın ve soğuk olarak servis yapın.

Beslenme:kalori 272, yağ 15,2, lif 4,3, karbonhidratlar 16,8, protein 9,9

Enginarlı Karides

Hazırlama süresi: 4 dakika
Pişirme süresi: 8 dakika
Porsiyon: 4

İçindekiler:
- 2 yeşil soğan, doğranmış
- 1 su bardağı konserve enginar, tuz eklenmemiş, suyu süzülmüş ve dörde bölünmüş
- 2 yemek kaşığı kişniş, doğranmış
- 1 kiloluk karides, soyulmuş ve derisi alınmış
- 1 su bardağı kiraz domates, doğranmış
- 1 yemek kaşığı zeytinyağı
- 1 yemek kaşığı balzamik sirke
- Bir tutam tuz ve karabiber

Talimatlar:
1. Tavayı orta ateşte yağla ısıtın, soğanları ve enginarları ekleyin, karıştırın ve 2 dakika pişirin.
2. Karidesleri ekleyin, karıştırın ve orta ateşte 6 dakika pişirin.
3. Her şeyi kaselere paylaştırıp servis yapın.

Beslenme:kalori 260, yağ 8,23, lif 3,8, karbonhidratlar 14,3, protein 12,4

Limon soslu karides

Hazırlama süresi: 5 dakika
Pişirme süresi: 8 dakika
Porsiyon: 4

İçindekiler:

- 1 kiloluk karides, soyulmuş ve derisi alınmış
- 2 yemek kaşığı zeytinyağı
- 1 limonun kabuğu rendelenmiş
- ½ limon suyu
- 1 yemek kaşığı frenk soğanı, doğranmış

Talimatlar:

1. Tavayı yağla orta-yüksek ateşte ısıtın, limon kabuğu rendesini, limon suyunu ve kişnişi ekleyin, karıştırın ve 2 dakika pişirin.
2. Karidesleri ekleyin, her şeyi 6 dakika daha pişirin, tabaklara dağıtın ve servis yapın.

Beslenme:kalori 195, yağ 8,9, lif 0, karbonhidratlar 1,8, protein 25,9

Ton balığı ve portakal karışımı

Hazırlama süresi: 5 dakika
Pişirme süresi: 12 dakika
Porsiyon: 4

İçindekiler:
- 4 ton balığı filetosu, kemiksiz
- Tatmak için karabiber
- 2 yemek kaşığı zeytinyağı
- 2 arpacık soğan, doğranmış
- 3 yemek kaşığı portakal suyu
- 1 portakal, soyulmuş ve dilimler halinde kesilmiş
- 1 yemek kaşığı kıyılmış kekik

Talimatlar:
1. Tavayı orta-yüksek ateşte yağla ısıtın, arpacık soğanı ekleyin, karıştırın ve 2 dakika kızartın.
2. Ton balığını ve diğer malzemeleri ekleyin, hepsini 10 dakika daha pişirin, tabaklara dağıtın ve servis yapın.

Beslenme:kalori 457, yağ 38,2, lif 1,6, karbonhidratlar 8,2, protein 21,8

Somon Köri

Hazırlama süresi: 10 dakika
Pişirme süresi: 20 dakika
Porsiyon: 4

İçindekiler:

- 1 pound somon fileto, kemikli ve küp şeklinde
- 3 yemek kaşığı kırmızı köri ezmesi
- 1 kırmızı soğan, doğranmış
- 1 çay kaşığı tatlı kırmızı biber
- 1 su bardağı hindistan cevizi kreması
- 1 yemek kaşığı zeytinyağı
- Tatmak için karabiber
- ½ su bardağı düşük sodyumlu tavuk suyu
- 3 yemek kaşığı fesleğen, doğranmış

Talimatlar:

1. Tavayı yağla orta-yüksek ateşte ısıtın, soğanı, kırmızı biberi ve köri ezmesini ekleyin, karıştırın ve 5 dakika pişirin.
2. Somonu ve diğer malzemeleri ekleyip hafifçe karıştırın, orta ateşte 15 dakika pişirin, kaselere paylaştırıp servis yapın.

Beslenme:kalori 377, yağ 28,3, lif 2,1, karbonhidratlar 8,5, protein 23,9

Somon ve Havuç Karışımı

Hazırlama süresi: 10 dakika
Pişirme süresi: 15 dakika
Porsiyon: 4

İçindekiler:

- 4 somon filetosu, kemiksiz
- 1 kırmızı soğan, doğranmış
- 2 havuç, dilimlenmiş
- 2 yemek kaşığı zeytinyağı
- 2 yemek kaşığı balzamik sirke
- Tatmak için karabiber
- 2 yemek kaşığı frenk soğanı, doğranmış
- ¼ bardak düşük sodyumlu sebze suyu

Talimatlar:

1. Tavayı orta ateşte yağla ısıtın, soğanı ve havuçları ekleyin, karıştırın ve 5 dakika kızartın.
2. Somonu ve diğer malzemeleri ekleyin, her şeyi 10 dakika daha pişirin, tabaklara dağıtın ve servis yapın.

Beslenme:kalori 322, yağ 18, lif 1,4, karbonhidrat 6, protein 35,2

Karides ve Çam Fıstığı Karışımı

Hazırlama süresi: 10 dakika
Pişirme süresi: 10 dakika
Porsiyon: 4

İçindekiler:

- 1 kiloluk karides, soyulmuş ve derisi alınmış
- 2 yemek kaşığı çam fıstığı
- 1 yemek kaşığı limon suyu
- 2 yemek kaşığı zeytinyağı
- 3 diş sarımsak, kıyılmış
- Tatmak için karabiber
- 1 yemek kaşığı kekik, doğranmış
- 2 yemek kaşığı frenk soğanı, ince doğranmış

Talimatlar:

1. Bir tavayı yağla orta-yüksek ateşte ısıtın, sarımsak, kekik, çam fıstığı ve limon suyunu ekleyin, karıştırın ve 3 dakika pişirin.
2. Karidesleri, karabiberi ve frenk soğanını ekleyip karıştırın, 7 dakika daha pişirin, tabaklara dağıtıp servis yapın.

Beslenme:kalori 290, yağ 13, lif 4,5, karbonhidratlar 13,9, protein 10

Biber ve yeşil fasulyeli morina

Hazırlama süresi: 10 dakika
Pişirme süresi: 14 dakika
Porsiyon: 4

İçindekiler:

- 4 morina filetosu, kemiksiz
- ½ pound yeşil fasulye, kesilmiş ve yarıya bölünmüş
- 1 yemek kaşığı limon suyu
- 1 yemek kaşığı limon kabuğu rendesi, rendelenmiş
- 1 sarı soğan, doğranmış
- 2 yemek kaşığı zeytinyağı
- 1 çay kaşığı kimyon, öğütülmüş
- 1 çay kaşığı biber tozu
- ½ bardak düşük sodyumlu sebze suyu
- Bir tutam tuz ve karabiber

Talimatlar:

1. Tavayı yağla orta-yüksek ateşte ısıtın, soğanı ekleyin, karıştırın ve 2 dakika pişirin.
2. Balıkları ekleyin ve her iki tarafını da 3'er dakika pişirin.
3. Yeşil fasulyeleri ve diğer malzemeleri ekleyip hafifçe karıştırın, 7 dakika daha pişirin, tabaklara dağıtın ve servis yapın.

Beslenme:kalori 220, yağ 13, karbonhidrat 14,3, lif 2,3, protein 12

Sarımsak tarak

Hazırlama süresi: 5 dakika
Pişirme süresi: 8 dakika
Porsiyon: 4

İçindekiler:

- 12 deniz tarağı
- 1 kırmızı soğan, dilimlenmiş
- 2 yemek kaşığı zeytinyağı
- ½ çay kaşığı kıyılmış sarımsak
- 2 yemek kaşığı limon suyu
- Tatmak için karabiber
- 1 çay kaşığı balzamik sirke

Talimatlar:

1. Tavayı orta ateşte yağla ısıtın, soğanı ve sarımsağı ekleyip 2 dakika kızartın.
2. Deniz taraklarını ve diğer malzemeleri ekleyip orta ateşte 6 dakika daha pişirip tabaklara paylaştırıp sıcak olarak servis yapın.

Beslenme:kalori 259, yağ 8, lif 3, karbonhidrat 5,7, protein 7

Kremalı Levrek Karışımı

Hazırlama süresi: 10 dakika
Pişirme süresi: 14 dakika
Porsiyon: 4

İçindekiler:
- 4 adet kemiksiz levrek fileto
- 1 su bardağı hindistan cevizi kreması
- 1 sarı soğan, doğranmış
- 1 yemek kaşığı limon suyu
- 2 yemek kaşığı avokado yağı
- 1 yemek kaşığı maydanoz, doğranmış
- Bir tutam karabiber

Talimatlar:
1. Tavayı orta ateşte yağla ısıtın, soğanı ekleyin, karıştırın ve 2 dakika kızartın.
2. Balıkları ekleyin ve her tarafını 4 dakika pişirin.
3. Geri kalan malzemeleri ekleyin, her şeyi 4 dakika daha pişirin, tabaklara dağıtın ve servis yapın.

Beslenme:kalori 283, yağ 12,3, lif 5, karbonhidrat 12,5, protein 8

Levrek ve Mantar Karışımı

Hazırlama süresi: 10 dakika
Pişirme süresi: 13 dakika
Porsiyon: 4

İçindekiler:

- 4 adet kemiksiz levrek fileto
- 2 yemek kaşığı zeytinyağı
- Tatmak için karabiber
- ½ bardak beyaz mantar, dilimlenmiş
- 1 kırmızı soğan, doğranmış
- 2 yemek kaşığı balzamik sirke
- 3 yemek kaşığı kişniş, doğranmış

Talimatlar:

1. Tavayı yağla orta-yüksek ateşte ısıtın, soğanı ve mantarları ekleyin, karıştırın ve 5 dakika pişirin.
2. Balıkları ve diğer malzemeleri ekleyip her iki tarafını da 4'er dakika pişirin, her şeyi tabaklara paylaştırın ve servis yapın.

Beslenme:kalori 280, yağ 12,3, lif 8, karbonhidratlar 13,6, protein 14,3

Somon çorbası

Hazırlama süresi: 5 dakika
Pişirme süresi: 20 dakika
Porsiyon: 4

İçindekiler:

- 1 pound somon filetosu, kemikli, derisiz ve doğranmış
- 1 su bardağı sarı soğan, doğranmış
- 2 yemek kaşığı zeytinyağı
- Tatmak için karabiber
- 2 su bardağı düşük sodyumlu sebze suyu
- 1 ½ bardak domates, doğranmış
- 1 yemek kaşığı fesleğen, doğranmış

Talimatlar:

1. Tavayı orta ateşte yağla ısıtın, soğanı ekleyin, karıştırın ve 5 dakika kızartın.
2. Somonu ve diğer malzemeleri ekleyin, kaynatın ve orta ateşte 15 dakika pişirin.
3. Çorbayı kaselere paylaştırıp servis yapın.

Beslenme:kalori 250, yağ 12,2, lif 5, karbonhidrat 8,5, protein 7

Hindistan cevizi karidesi

Hazırlama süresi: 3 dakika
Pişirme süresi: 6 dakika
Porsiyon: 4

İçindekiler:
- 1 kiloluk karides, soyulmuş ve derisi alınmış
- 2 yemek kaşığı zeytinyağı
- 1 yemek kaşığı limon suyu
- 1 yemek kaşığı hindistan cevizi, öğütülmüş
- Tatmak için karabiber
- 1 yemek kaşığı kişniş, doğranmış

Talimatlar:
1. Tavayı orta ateşte yağla ısıtın, karidesleri, limon suyunu ve diğer malzemeleri ekleyin, karıştırın, 6 dakika pişirin, kaselere paylaştırın ve servis yapın.

Beslenme:kalori 205, yağ 9,6, lif 0,4, karbonhidratlar 2,7, protein 26

Karides ve çilek karışımı

Hazırlama süresi: 4 dakika
Pişirme süresi: 6 dakika
Porsiyon: 4

İçindekiler:

- 1 kiloluk karides, soyulmuş ve derisi alınmış
- ½ bardak domates, doğranmış
- 2 yemek kaşığı zeytinyağı
- 1 yemek kaşığı balzamik sirke
- ½ bardak çilek, doğranmış
- Tatmak için karabiber

Talimatlar:

1. Tavayı orta ateşte yağla ısıtın, karidesleri ekleyin, karıştırın ve 3 dakika pişirin.
2. Geri kalan malzemeleri ekleyin, karıştırın, 3-4 dakika daha pişirin, kaselere paylaştırın ve servis yapın.

Beslenme:kalori 205, yağ 9, lif 0,6, karbonhidrat 4, protein 26,2

Fırında limonlu alabalık

Hazırlama süresi: 10 dakika
Pişirme süresi: 30 dakika
Porsiyon: 4

İçindekiler:

- 4 alabalık
- 1 yemek kaşığı limon kabuğu rendesi, rendelenmiş
- 2 yemek kaşığı zeytinyağı
- 2 yemek kaşığı limon suyu
- Bir tutam karabiber
- 2 yemek kaşığı kişniş, doğranmış

Talimatlar:

1. Bir pişirme kabında balıkları limon kabuğu rendesi ve diğer malzemelerle birleştirin ve ovalayın.
2. 370 derece F'de 30 dakika pişirin, tabaklara paylaştırın ve servis yapın.

Beslenme:kalori 264, yağ 12,3, lif 5, karbonhidrat 7, protein 11

Frenk soğanlı tarak

Hazırlama süresi: 3 dakika
Pişirme süresi: 4 dakika
Porsiyon: 4

İçindekiler:

- 12 deniz tarağı
- 2 yemek kaşığı zeytinyağı
- Tatmak için karabiber
- 2 yemek kaşığı frenk soğanı, doğranmış
- 1 yemek kaşığı tatlı kırmızı biber

Talimatlar:

1. Tavayı orta ateşte yağla ısıtın, deniz tarağı, kırmızı biber ve diğer malzemeleri ekleyin ve her iki tarafını da 2 dakika pişirin.
2. Tabaklara paylaştırıp yanında salatayla servis yapın.

Beslenme:kalori 215, yağ 6, lif 5, karbonhidrat 4,5, protein 11

Ton Balıklı Köfte

Hazırlama süresi: 10 dakika
Pişirme süresi: 30 dakika
Porsiyon: 4

İçindekiler:

- 2 yemek kaşığı zeytinyağı
- 1 kiloluk ton balığı, derisiz, kemikli ve doğranmış
- 1 sarı soğan, doğranmış
- ¼ bardak frenk soğanı, doğranmış
- 1 yumurta, dövülmüş
- 1 yemek kaşığı hindistan cevizi unu
- Bir tutam tuz ve karabiber

Talimatlar:

1. Bir kapta ton balığını soğan ve yağ hariç diğer malzemelerle karıştırıp iyice karıştırın ve bu karışımla orta boy köfteler oluşturun.
2. Köfteleri fırın tepsisine dizin, yağlayın, 180 derecede pişirin, 30 dakika pişirin, tabaklara paylaştırıp servis yapın.

Beslenme:kalori 291, yağ 14,3, lif 5, karbonhidratlar 12,4, protein 11

Somon Tavası

Hazırlama süresi: 10 dakika
Pişirme süresi: 12 dakika
Porsiyon: 4

İçindekiler:

- 4 somon filetosu, kemikleri çıkarılmış ve kabaca doğranmış
- 2 yemek kaşığı zeytinyağı
- 1 kırmızı biber, şeritler halinde kesilmiş
- 1 kabak, iri küpler halinde kesilmiş
- 1 patlıcan, kabaca küp şeklinde doğranmış
- 1 yemek kaşığı limon suyu
- 1 yemek kaşığı dereotu, doğranmış
- ¼ bardak düşük sodyumlu sebze suyu
- 1 çay kaşığı sarımsak tozu
- Bir tutam karabiber

Talimatlar:

1. Tavayı yağla orta-yüksek ateşte ısıtın, biberi, kabakları ve patlıcanları ekleyin, karıştırın ve 3 dakika kızartın.
2. Somonu ve diğer malzemeleri ekleyin, hafifçe karıştırın, her şeyi 9 dakika daha pişirin, tabaklara dağıtın ve servis yapın.

Beslenme:kalori 348, yağ 18,4, lif 5,3, karbonhidratlar 11,9, protein 36,9

Hardallı morina karışımı

Hazırlama süresi: 10 dakika
Pişirme süresi: 25 dakika
Porsiyon: 4

İçindekiler:
- 4 adet morina filetosu, derisiz ve kemiksiz
- Bir tutam karabiber
- 1 çay kaşığı zencefil, rendelenmiş
- 1 yemek kaşığı hardal
- 2 yemek kaşığı zeytinyağı
- 1 çay kaşığı kurutulmuş kekik
- ¼ çay kaşığı kimyon, öğütülmüş
- 1 çay kaşığı zerdeçal tozu
- ¼ bardak kişniş, doğranmış
- 1 su bardağı düşük sodyumlu sebze suyu
- 3 diş sarımsak, kıyılmış

Talimatlar:
1. Bir tavada morina balığını karabiber, zencefil ve diğer malzemelerle birleştirin, yavaşça karıştırın ve 180°C'de 25 dakika pişirin.
2. Karışımı tabaklara paylaştırıp servis yapın.

Beslenme:kalori 176, yağ 9, lif 1, karbonhidrat 3,7, protein 21,2

Karides ve Kuşkonmaz Karışımı

Hazırlama süresi: 10 dakika
Pişirme süresi: 14 dakika
Porsiyon: 4

İçindekiler:
- 1 demet kuşkonmaz, ikiye bölünmüş
- 1 kiloluk karides, soyulmuş ve derisi alınmış
- Tatmak için karabiber
- 2 yemek kaşığı zeytinyağı
- 1 kırmızı soğan, doğranmış
- 2 diş sarımsak, kıyılmış
- 1 su bardağı hindistan cevizi kreması

Talimatlar:
1. Tavayı orta ateşte yağla ısıtın, soğanı, sarımsağı ve kuşkonmazı ekleyip karıştırın ve 4 dakika pişirin.
2. Karidesleri ve diğer malzemeleri ekleyip soteleyin, orta ateşte 10 dakika pişirin, hepsini kaselere paylaştırıp servis yapın.

Beslenme:kalori 225, yağ 6, lif 3,4, karbonhidrat 8,6, protein 8

Morina ve Bezelye

Hazırlama süresi: 10 dakika
Pişirme süresi: 20 dakika
Porsiyon: 4

İçindekiler:

- 1 sarı soğan, doğranmış
- 2 yemek kaşığı zeytinyağı
- ½ su bardağı düşük sodyumlu tavuk suyu
- 4 adet morina filetosu, kemikli, derisiz
- Tatmak için karabiber
- 1 su bardağı kar bezelyesi

Talimatlar:

1. Tavayı orta ateşte yağla ısıtın, soğanı ekleyin, karıştırın ve 4 dakika kızartın.
2. Balıkları ekleyin ve her iki tarafını da 3'er dakika pişirin.
3. Kar bezelyesini ve diğer malzemeleri ekleyin, her şeyi 10 dakika daha pişirin, tabaklara dağıtın ve servis yapın.

Beslenme:kalori 240, yağ 8,4, lif 2,7, karbonhidratlar 7,6, protein 14

Karides ve midye kaseleri

Hazırlama süresi: 5 dakika
Pişirme süresi: 12 dakika
Porsiyon: 4

İçindekiler:

- 1 kiloluk midye, yıkanmış
- ½ su bardağı düşük sodyumlu tavuk suyu
- 1 kiloluk karides, soyulmuş ve derisi alınmış
- 2 arpacık soğan, doğranmış
- 1 su bardağı kiraz domates, doğranmış
- 2 diş sarımsak, kıyılmış
- 1 yemek kaşığı zeytinyağı
- 1 limonun suyu

Talimatlar:

1. Tavayı orta ateşte yağla ısıtın, arpacık soğanı ve sarımsağı ekleyin ve 2 dakika kızartın.
2. Karidesleri, midyeleri ve diğer malzemeleri ekleyin, hepsini orta ateşte 10 dakika pişirin, kaselere paylaştırın ve servis yapın.

Beslenme:kalori 240, yağ 4,9, lif 2,4, karbonhidratlar 11,6, protein 8

Nane kreması

Hazırlanma zamanı:2 saat 4 dakika

Pişirme süresi: 0 dakika
Porsiyon: 4

İçindekiler:
- 4 su bardağı az yağlı yoğurt
- 1 su bardağı hindistan cevizi kreması
- 3 yemek kaşığı stevia
- 2 çay kaşığı limon kabuğu rendesi, rendelenmiş
- 1 yemek kaşığı nane, doğranmış

Talimatlar:
1. Mikserde kremayı yoğurt ve diğer malzemelerle birleştirip iyice karıştırıp bardaklara paylaştırın ve 2 saat buzdolabında bekletip servis yapın.

Beslenme:kalori 512, yağ 14,3, lif 1,5, karbonhidratlar 83,6, protein 12,1

Ahududulu Puding

Hazırlama süresi: 10 dakika
Pişirme süresi: 24 dakika
Porsiyon: 4

İçindekiler:

- 1 bardak ahududu
- 2 çay kaşığı hindistan cevizi şekeri
- 3 çırpılmış yumurta
- 1 yemek kaşığı avokado yağı
- ½ su bardağı badem sütü
- ½ su bardağı hindistan cevizi unu
- ¼ bardak az yağlı yoğurt

Talimatlar:

1. Bir kapta ahududuları şeker ve pişirme spreyi hariç kalan malzemelerle birleştirin ve iyice karıştırın.
2. Puding tepsisini pişirme spreyi ile yağlayın, frambuazlı karışımı ekleyin, yayın, 200 derecede 24 dakika pişirin, tatlı tabaklarına bölüştürün ve servis yapın.

Beslenme:kalori 215, yağ 11,3, lif 3,4, karbonhidratlar 21,3, protein 6,7

Badem çubukları

Hazırlama süresi: 10 dakika
Pişirme süresi: 30 dakika
Porsiyon: 4

İçindekiler:
- 1 su bardağı kıyılmış badem
- 2 çırpılmış yumurta
- ½ su bardağı badem sütü
- 1 çay kaşığı vanilya özü
- 2/3 su bardağı hindistan cevizi şekeri
- 2 su bardağı tam buğday unu
- 1 çay kaşığı kabartma tozu
- Pişirme spreyi

Talimatlar:
1. Bir kapta bademleri yumurtalarla ve pişirme spreyi hariç kalan malzemelerle birleştirin ve iyice karıştırın.
2. Her şeyi pişirme spreyi ile yağlanmış kare bir tavaya dökün, iyice yayın, fırında 30 dakika pişirin, soğumaya bırakın, çubuklar halinde kesin ve servis yapın.

Beslenme:kalori 463, yağ 22,5, lif 11, karbonhidratlar 54,4, protein 16,9

Fırında şeftali karışımı

Hazırlama süresi: 10 dakika
Pişirme süresi: 30 dakika
Porsiyon: 4

İçindekiler:

- 4 şeftali, çekirdekleri çıkarılmış ve ikiye bölünmüş
- 1 yemek kaşığı hindistan cevizi şekeri
- 1 çay kaşığı vanilya özü
- ¼ çay kaşığı öğütülmüş tarçın
- 1 yemek kaşığı avokado yağı

Talimatlar:

1. Bir tavada şeftalileri şeker ve diğer malzemelerle birleştirin, 180°C'de 30 dakika pişirin, soğumaya bırakın ve servis yapın.

Beslenme:kalori 91, yağ 0,8, lif 2,5, karbonhidratlar 19,2, protein 1,7

Cevizli turta

Hazırlama süresi: 10 dakika
Pişirme süresi: 25 dakika
Porsiyon: 8

İçindekiler:

- 3 su bardağı badem unu
- 1 su bardağı hindistan cevizi şekeri
- 1 yemek kaşığı vanilya özü
- ½ su bardağı ceviz, kıyılmış
- 2 çay kaşığı karbonat
- 2 bardak hindistan cevizi sütü
- ½ bardak hindistan cevizi yağı, eritilmiş

Talimatlar:

1. Bir kapta badem ununu, şekeri ve diğer malzemeleri karıştırıp iyice karıştırıp kek kalıbına dökün, yayıp 180 derecede pişirin, 25 dakika pişirin.
2. Pastayı soğumaya bırakın, dilimleyin ve servis yapın.

Beslenme:kalori 445, yağ 10, lif 6,5, karbonhidratlar 31,4, protein 23,5

Elmalı turta

Hazırlama süresi: 10 dakika
Pişirme süresi: 30 dakika
Porsiyon: 4

İçindekiler:
- 2 su bardağı badem unu
- 1 çay kaşığı karbonat
- 1 çay kaşığı kabartma tozu
- ½ çay kaşığı öğütülmüş tarçın
- 2 yemek kaşığı hindistan cevizi şekeri
- 1 su bardağı badem sütü
- 2 yeşil elma, çekirdekleri çıkarılmış, soyulmuş ve doğranmış
- Pişirme spreyi

Talimatlar:
1. Bir kapta unu kabartma tozu, elmalar ve pişirme spreyi hariç kalan malzemelerle birleştirin ve iyice çırpın.
2. Her şeyi pişirme spreyi ile yağlanmış bir kek kalıbına dökün, iyice yayın, fırına koyun ve 180°C'de 30 dakika pişirin.
3. Pastayı soğumaya bırakın, kesip servis yapın.

Beslenme:kalori 332, yağ 22,4, lif 9 l.6, karbonhidratlar 22,2, proteinler 12,3

Tarçın kreması

Hazırlama süresi: 2 saat
Pişirme süresi: 10 dakika
Porsiyon: 4

İçindekiler:
- 1 su bardağı yağsız badem sütü
- 1 su bardağı hindistan cevizi kreması
- 2 su bardağı hindistan cevizi şekeri
- 2 yemek kaşığı öğütülmüş tarçın
- 1 çay kaşığı vanilya özü

Talimatlar:
1. Badem sütlü tavayı orta ateşte ısıtın, geri kalan malzemeleri ekleyin, karıştırın ve 10 dakika daha pişirin.
2. Karışımı kaselere paylaştırıp soğumaya bırakın ve 2 saat buzdolabında bekletip servis yapın.

Beslenme:kalori 254, yağ 7,5, lif 5, karbonhidrat 16,4, protein 9,5

Kremalı çilek karışımı

Hazırlama süresi: 10 dakika
Pişirme süresi: 0 dakika
Porsiyon: 4

İçindekiler:

- 1 çay kaşığı vanilya özü
- 2 su bardağı çilek, doğranmış
- 1 çay kaşığı hindistan cevizi şekeri
- 8 ons az yağlı yoğurt

Talimatlar:

1. Bir kapta çilekleri vanilya ve diğer malzemelerle birleştirip karıştırıp soğuk olarak servis yapın.

Beslenme:kalori 343, yağ 13,4, lif 6, karbonhidrat 15,43, protein 5,5

Vanilyalı Cevizli Brownie

Hazırlama süresi: 10 dakika
Pişirme süresi: 25 dakika
Porsiyon: 8

İçindekiler:

- 1 su bardağı ceviz, doğranmış
- 3 yemek kaşığı hindistan cevizi şekeri
- 2 yemek kaşığı kakao tozu
- 3 çırpılmış yumurta
- ¼ bardak hindistan cevizi yağı, eritilmiş
- ½ çay kaşığı kabartma tozu
- 2 çay kaşığı vanilya özü
- Pişirme spreyi

Talimatlar:

1. Mutfak robotunda cevizleri hindistancevizi şekeri ve pişirme spreyi hariç kalan malzemelerle birleştirin ve iyice karıştırın.
2. Kare bir kalıbı pişirme spreyi ile yağlayın, brownie karışımını ekleyin, yayın, pişirin, 350 derecede 25 dakika pişirin, soğumaya bırakın, dilimleyin ve servis yapın.

Beslenme: kalori 370, yağ 14,3, lif 3, karbonhidrat 14,4, protein 5,6

Çilekli Pasta

Hazırlama süresi: 10 dakika
Pişirme süresi: 25 dakika
Porsiyon: 6

İçindekiler:

- 2 su bardağı tam buğday unu
- 1 bardak çilek, doğranmış
- ½ çay kaşığı karbonat
- ½ su bardağı hindistan cevizi şekeri
- ¾ bardak hindistan cevizi sütü
- ¼ bardak hindistan cevizi yağı, eritilmiş
- 2 çırpılmış yumurta
- 1 çay kaşığı vanilya özü
- Pişirme spreyi

Talimatlar:

1. Bir kapta unu çileklerle ve pişirme spreyi hariç kalan malzemelerle birleştirin ve iyice karıştırın.
2. Kek kalıbını pişirme spreyi ile yağlayın, kek karışımını dökün, yuvarlayın, 180 derece fırında 25 dakika pişirin, soğumaya bırakın, dilimleyip servis yapın.

Beslenme:kalori 465, yağ 22,1, lif 4, karbonhidratlar 18,3, protein 13,4

Kakaolu puding

Hazırlama süresi: 10 dakika
Pişirme süresi: 10 dakika
Porsiyon: 4

İçindekiler:
- 2 yemek kaşığı hindistan cevizi şekeri
- 3 yemek kaşığı hindistan cevizi unu
- 2 yemek kaşığı kakao tozu
- 2 bardak badem sütü
- 2 çırpılmış yumurta
- ½ çay kaşığı vanilya özü

Talimatlar:
1. Sütü bir tencereye alın, kakaoyu ve diğer malzemeleri ekleyip karıştırın, orta ateşte 10 dakika pişirin, fincanlara döküp soğuk olarak servis yapın.

Beslenme:kalori 385, yağ 31,7, lif 5,7, karbonhidratlar 21,6, protein 7,3

Vanilyalı krema ve hindistan cevizi

Hazırlama süresi: 10 dakika
Pişirme süresi: 0 dakika
Porsiyon: 6

İçindekiler:
- 3 su bardağı yağsız süt
- 1 çay kaşığı küçük hindistan cevizi, öğütülmüş
- 2 çay kaşığı vanilya özü
- 4 çay kaşığı hindistan cevizi şekeri
- 1 su bardağı ceviz, kıyılmış

Talimatlar:
1. Bir kasede sütü, hindistan cevizini ve diğer malzemeleri birleştirin, iyice karıştırın, bardaklara paylaştırın ve soğuk olarak servis yapın.

Beslenme:kalori 243, yağ 12,4, lif 1,5, karbonhidratlar 21,1, protein 9,7

Avokado kreması

Hazırlanma zamanı:1 saat 10 dakika

Pişirme süresi: 0 dakika
Porsiyon: 4

İçindekiler:
- 2 su bardağı hindistan cevizi kreması
- 2 avokado, soyulmuş, çekirdeği çıkarılmış ve püre haline getirilmiş
- 2 yemek kaşığı hindistan cevizi şekeri
- 1 çay kaşığı vanilya özü

Talimatlar:
1. Blenderda kremayı avokado ve diğer malzemelerle birleştirin, iyice karıştırın, bardaklara bölün ve servis etmeden önce 1 saat buzdolabında bekletin.

Beslenme:kalori 532, yağ 48,2, lif 9,4, karbonhidratlar 24,9, protein 5,2

Ahududu Kreması

Hazırlama süresi: 10 dakika
Pişirme süresi: 25 dakika
Porsiyon: 4

İçindekiler:

- 2 yemek kaşığı badem unu
- 1 su bardağı hindistan cevizi kreması
- 3 bardak ahududu
- 1 su bardağı hindistan cevizi şekeri
- 8 ons az yağlı krem peynir

Talimatlar:

1. Bir kasede unu, kremayı ve diğer malzemeleri karıştırıp yuvarlak bir tavaya aktarın, 180°C'de 25 dakika pişirin, kaselere paylaştırıp servis yapın.

Beslenme:kalori 429, yağ 36,3, lif 7,7, karbonhidratlar 21,3, protein 7,8

Karpuz Salatası

Hazırlama süresi: 4 dakika
Pişirme süresi: 0 dakika
Porsiyon: 4

İçindekiler:
- 1 su bardağı karpuz, soyulmuş ve küp şeklinde kesilmiş
- 2 elma, çekirdeği çıkarılmış ve doğranmış
- 1 yemek kaşığı hindistan cevizi kreması
- 2 muz, parçalar halinde kesilmiş

Talimatlar:
1. Bir kasede karpuzu elma ve diğer malzemelerle birleştirip karıştırıp servis yapın.

Beslenme:kalori 131, yağ 1,3, lif 4,5, karbonhidratlar 31,9, protein 1,3

Hindistan cevizi armut karışımı

Hazırlama süresi: 10 dakika
Pişirme süresi: 10 dakika
Porsiyon: 4

İçindekiler:

- 2 çay kaşığı limon suyu
- ½ su bardağı hindistan cevizi kreması
- ½ bardak hindistan cevizi, kıyılmış
- 4 armut, çekirdeği çıkarılmış ve doğranmış
- 4 yemek kaşığı hindistan cevizi şekeri

Talimatlar:

1. Bir tavada armutları limon suyu ve diğer malzemelerle birleştirin, karıştırın, orta ateşte kaynatın ve 10 dakika pişirin.
2. Kaselere paylaştırıp soğuk olarak servis yapın.

Beslenme:kalori 320, yağ 7,8, lif 3, karbonhidrat 6,4, protein 4,7

Elma kompostosu

Hazırlama süresi: 10 dakika
Pişirme süresi: 15 dakika
Porsiyon: 4

İçindekiler:
- 5 yemek kaşığı hindistan cevizi şekeri
- 2 bardak portakal suyu
- 4 elma, çekirdeği çıkarılmış ve doğranmış

Talimatlar:
1. Bir tencerede elmaları şeker ve portakal suyuyla birleştirip karıştırın, orta ateşte kaynatın, 15 dakika pişirin, kaselere paylaştırın ve soğuk olarak servis yapın.

Beslenme:kalori 220, yağ 5,2, lif 3, karbonhidrat 5,6, protein 5,6

Kayısı yahnisi

Hazırlama süresi: 10 dakika
Pişirme süresi: 15 dakika
Porsiyon: 4

İçindekiler:
- 2 su bardağı kayısı, ikiye bölünmüş
- 2 bardak su
- 2 yemek kaşığı hindistan cevizi şekeri
- 2 yemek kaşığı limon suyu

Talimatlar:
1. Bir tavada kayısıları su ve diğer malzemelerle birleştirip karıştırın, orta ateşte 15 dakika pişirin, kaselere paylaştırıp servis yapın.

Beslenme:kalori 260, yağ 6,2, lif 4,2, karbonhidratlar 5,6, protein 6

Limon kavun karışımı

Hazırlama süresi: 10 dakika
Pişirme süresi: 10 dakika
Porsiyon: 4

İçindekiler:
- 2 bardak kavun, soyulmuş ve kabaca doğranmış
- 4 yemek kaşığı hindistan cevizi şekeri
- 2 çay kaşığı vanilya özü
- 2 çay kaşığı limon suyu

Talimatlar:
1. Bir tencerede kavunu şeker ve diğer malzemelerle birleştirin, karıştırın, orta ateşte ısıtın, yaklaşık 10 dakika pişirin, kaselere paylaştırın ve soğuk olarak servis yapın.

Beslenme:kalori 140, yağ 4, lif 3,4, karbonhidrat 6,7, protein 5

Kremalı ravent kreması

Hazırlama süresi: 10 dakika
Pişirme süresi: 14 dakika
Porsiyon: 4

İçindekiler:

- 1/3 su bardağı az yağlı krem peynir
- ½ su bardağı hindistan cevizi kreması
- 2 pound ravent, kabaca doğranmış
- 3 yemek kaşığı hindistan cevizi şekeri

Talimatlar:

1. Krem peyniri krema ve diğer malzemelerle bir karıştırıcıda birleştirin ve iyice karıştırın.
2. Fincanlara paylaştırıp fırına verin ve 180°C'de 14 dakika pişirin.
3. Soğuk servis yapın.

Beslenme:kalori 360, yağ 14,3, lif 4,4, karbonhidratlar 5,8, protein 5,2

Ananas kaseleri

Hazırlama süresi: 10 dakika
Pişirme süresi: 0 dakika
Porsiyon: 4

İçindekiler:
- 3 bardak ananas, soyulmuş ve doğranmış
- 1 çay kaşığı chia tohumu
- 1 su bardağı hindistan cevizi kreması
- 1 çay kaşığı vanilya özü
- 1 yemek kaşığı nane, doğranmış

Talimatlar:
1. Bir kapta ananası krema ve diğer malzemelerle birleştirip karıştırın, daha küçük kaselere paylaştırın ve servis etmeden önce 10 dakika buzdolabında bekletin.

Beslenme:kalori 238, yağ 16,6, lif 5,6, karbonhidratlar 22,8, protein 3,3

Yaban mersinli güveç

Hazırlama süresi: 10 dakika
Pişirme süresi: 10 dakika
Porsiyon: 4

İçindekiler:

- 2 yemek kaşığı limon suyu
- 1 bardak su
- 3 yemek kaşığı hindistan cevizi şekeri
- 12 ons yaban mersini

Talimatlar:

1. Bir tavada yaban mersinlerini şeker ve diğer malzemelerle birleştirin, hafif kaynatın ve orta ateşte 10 dakika pişirin.
2. Kaselere paylaştırıp servis yapın.

Beslenme:kalori 122, yağ 0,4, lif 2,1, karbonhidratlar 26,7, protein 1,5

Limonlu puding

Hazırlama süresi: 10 dakika
Pişirme süresi: 15 dakika
Porsiyon: 4

İçindekiler:

- 2 su bardağı hindistan cevizi kreması
- 1 misket limonunun suyu
- 1 limon kabuğu rendesi, rendelenmiş
- 3 yemek kaşığı hindistancevizi yağı, eritilmiş
- 1 yumurta, dövülmüş
- 1 çay kaşığı kabartma tozu

Talimatlar:

1. Bir kapta kremayı limon suyu ve diğer malzemelerle birleştirin ve iyice karıştırın.
2. Küçük kalıplara paylaştırıp fırına verin ve 180°C'de 15 dakika pişirin.
3. Pudingi soğuk olarak servis edin.

Beslenme:kalori 385, yağ 39,9, lif 2,7, karbonhidratlar 8,2, protein 4,2

Şeftali kreması

Hazırlama süresi: 10 dakika
Pişirme süresi: 0 dakika
Porsiyon: 4

İçindekiler:

- 3 su bardağı hindistan cevizi kreması
- 2 şeftali, çekirdekleri çıkarılmış ve doğranmış
- 1 çay kaşığı vanilya özü
- ½ bardak badem, doğranmış

Talimatlar:

1. Mikserde kremayı ve diğer malzemeleri birleştirin, iyice karıştırın, küçük kaselere paylaştırın ve soğuk olarak servis yapın.

Beslenme:kalori 261, yağ 13, lif 5,6, karbonhidratlar 7, protein 5,4

Tarçın erik karışımı

Hazırlama süresi: 10 dakika
Pişirme süresi: 15 dakika
Porsiyon: 4

İçindekiler:
- 1 pound erik, çekirdeği çıkarılmış ve ikiye bölünmüş
- 2 yemek kaşığı hindistan cevizi şekeri
- ½ çay kaşığı öğütülmüş tarçın
- 1 bardak su

Talimatlar:
1. Bir tavada erikleri şeker ve diğer malzemelerle birleştirin, kaynatın ve orta ateşte 15 dakika pişirin.
2. Kaselere paylaştırıp soğuk olarak servis yapın.

Beslenme:kalori 142, yağ 4, lif 2,4, karbonhidrat 14, protein 7

Elma Chia ve Vanilya

Hazırlama süresi: 10 dakika
Pişirme süresi: 10 dakika
Porsiyon: 4

İçindekiler:
- 2 su bardağı elma, çekirdekleri çıkarılmış ve dilimler halinde kesilmiş
- 2 yemek kaşığı chia tohumu
- 1 çay kaşığı vanilya özü
- 2 bardak doğal şekersiz elma suyu

Talimatlar:
1. Bir tencerede elmaları chia tohumları ve diğer malzemelerle birleştirip karıştırın, orta ateşte 10 dakika pişirin, kaselere paylaştırın ve soğuk olarak servis yapın.

Beslenme:kalori 172, yağ 5,6, lif 3,5, karbonhidratlar 10, protein 4,4

Pirinç ve armut pudingi

Hazırlama süresi: 10 dakika
Pişirme süresi: 25 dakika
Porsiyon: 4

İçindekiler:

- 6 bardak su
- 1 su bardağı hindistan cevizi şekeri
- 2 su bardağı siyah pirinç
- 2 armut, çekirdeği çıkarılmış ve doğranmış
- 2 çay kaşığı öğütülmüş tarçın

Talimatlar:

1. Suyu bir tencereye koyun, orta-yüksek ateşte ısıtın, pirinç, şeker ve diğer malzemeleri ekleyin, karıştırın, kaynatın, ısıyı orta dereceye düşürün ve 25 dakika pişirin.
2. Kaselere paylaştırıp soğuk olarak servis yapın.

Beslenme:kalori 290, yağ 13,4, lif 4, karbonhidrat 13,20, protein 6,7

Ravent güveç

Hazırlama süresi: 10 dakika
Pişirme süresi: 15 dakika
Porsiyon: 4

İçindekiler:

- 2 bardak ravent, kabaca doğranmış
- 3 yemek kaşığı hindistan cevizi şekeri
- 1 çay kaşığı badem özü
- 2 bardak su

Talimatlar:

1. Bir tencerede raventi diğer malzemelerle birleştirin, karıştırın, orta ateşte kaynatın, 15 dakika pişirin, kaselere paylaştırın ve soğuk olarak servis yapın.

Beslenme:kalori 142, yağ 4,1, lif 4,2, karbonhidratlar 7, protein 4

Ravent kreması

Hazırlama süresi: 1 saat
Pişirme süresi: 10 dakika
Porsiyon: 4

İçindekiler:

- 2 su bardağı hindistan cevizi kreması
- 1 bardak ravent, doğranmış
- 3 çırpılmış yumurta
- 3 yemek kaşığı hindistan cevizi şekeri
- 1 yemek kaşığı limon suyu

Talimatlar:

1. Bir tencerede kremayı ravent ve diğer malzemelerle birleştirin, iyice karıştırın, orta ateşte 10 dakika pişirin, blender ile karıştırın, kaselere paylaştırın ve servis etmeden önce 1 saat buzdolabında bekletin.

Beslenme:kalori 230, yağ 8,4, lif 2,4, karbonhidratlar 7,8, protein 6

Yaban Mersini Salatası

Hazırlama süresi: 5 dakika
Pişirme süresi: 0 dakika
Porsiyon: 4

İçindekiler:

- 2 bardak yaban mersini
- 3 yemek kaşığı nane, doğranmış
- 1 armut, çekirdeği çıkarılmış ve küp şeklinde kesilmiş
- 1 elma, çekirdeği çıkarılmış ve küp şeklinde kesilmiş
- 1 yemek kaşığı hindistan cevizi şekeri

Talimatlar:

1. Bir kapta yaban mersinlerini nane ve diğer malzemelerle birleştirip karıştırıp soğuk olarak servis yapın.

Beslenme:kalori 150, yağ 2,4, lif 4, karbonhidrat 6,8, protein 6

Hurma ve muz kreması

Hazırlama süresi: 5 dakika
Pişirme süresi: 0 dakika
Porsiyon: 4

İçindekiler:

- 1 su bardağı badem sütü
- 1 muz, soyulmuş ve dilimlenmiş
- 1 çay kaşığı vanilya özü
- ½ su bardağı hindistan cevizi kreması
- tarihler, doğranmış

Talimatlar:

1. Hurmaları blenderda muz ve diğer malzemelerle birleştirin, iyice karıştırın, bardaklara paylaştırın ve soğuk olarak servis yapın.

Beslenme:kalori 271, yağ 21,6, lif 3,8, karbonhidratlar 21,2, protein 2,7

Erikli kekler

Hazırlama süresi: 10 dakika
Pişirme süresi: 25 dakika
Porsiyon: 12

İçindekiler:

- 3 yemek kaşığı hindistancevizi yağı, eritilmiş
- ½ su bardağı badem sütü
- 4 çırpılmış yumurta
- 1 çay kaşığı vanilya özü
- 1 su bardağı badem unu
- 2 çay kaşığı öğütülmüş tarçın
- ½ çay kaşığı kabartma tozu
- 1 bardak erik, çekirdekleri çıkarılmış ve doğranmış

Talimatlar:

1. Bir kapta hindistancevizi yağını badem sütü ve diğer malzemelerle birleştirin ve iyice karıştırın.
2. Muffin kalıbına paylaştırıp 180°C sıcaklıkta 25 dakika pişirin.
3. Muffinleri soğuk olarak servis edin.

Beslenme:kalori 270, yağ 3,4, lif 4,4, karbonhidrat 12, protein 5

Kase erik ve kuru üzüm

Hazırlama süresi: 10 dakika
Pişirme süresi: 20 dakika
Porsiyon: 4

İçindekiler:
- Yarım kilo erik, çekirdekleri çıkarılmış ve ikiye bölünmüş
- 2 yemek kaşığı hindistan cevizi şekeri
- 4 yemek kaşığı kuru üzüm
- 1 çay kaşığı vanilya özü
- 1 su bardağı hindistan cevizi kreması

Talimatlar:
1. Bir tavada erikleri şeker ve diğer malzemelerle birleştirin, kaynatın ve orta ateşte 20 dakika pişirin.
2. Kaselere paylaştırıp servis yapın.

Beslenme:kalori 219, yağ 14,4, lif 1,8, karbonhidratlar 21,1, protein 2,2

Ayçiçeği çekirdeği çubukları

Hazırlama süresi: 10 dakika
Pişirme süresi: 20 dakika
Porsiyon: 6

İçindekiler:
- 1 su bardağı hindistan cevizi unu
- ½ çay kaşığı karbonat
- 1 yemek kaşığı keten tohumu
- 3 yemek kaşığı badem sütü
- 1 su bardağı ayçiçeği çekirdeği
- 2 yemek kaşığı hindistancevizi yağı, eritilmiş
- 1 çay kaşığı vanilya özü

Talimatlar:
1. Bir kapta unu, karbonatı ve diğer malzemeleri karıştırın, iyice karıştırın, bir fırın tepsisine yayın, iyice bastırın, 180 derece fırında 20 dakika pişirin, soğumaya bırakın, çubuklar halinde kesip servis yapın.

Beslenme:kalori 189, yağ 12,6, lif 9,2, karbonhidratlar 15,7, protein 4,7

Kase böğürtlen ve kaju fıstığı

Hazırlama süresi: 10 dakika

Pişirme süresi: 0 dakika

Porsiyon: 4

İçindekiler:

- 1 su bardağı kaju
- 2 su bardağı böğürtlen
- ¾ bardak hindistan cevizi kreması
- 1 çay kaşığı vanilya özü
- 1 yemek kaşığı hindistan cevizi şekeri

Talimatlar:

1. Bir kapta kaju fıstıklarını meyveler ve diğer malzemelerle birleştirin, karıştırın, küçük kaselere paylaştırın ve servis yapın.

Beslenme:kalori 230, yağ 4, lif 3,4, karbonhidrat 12,3, protein 8

Kase Portakal ve Mandalina

Hazırlama süresi: 4 dakika
Pişirme süresi: 8 dakika
Porsiyon: 4

İçindekiler:

- 4 portakal, soyulmuş ve dilimler halinde kesilmiş
- 2 mandalina, soyulmuş ve dilimler halinde kesilmiş
- 1 misket limonunun suyu
- 2 yemek kaşığı hindistan cevizi şekeri
- 1 bardak su

Talimatlar:

1. Bir tavada portakalları mandalina ve diğer malzemelerle birleştirin, kaynatın ve orta ateşte 8 dakika pişirin.
2. Kaselere paylaştırıp soğuk olarak servis yapın.

Beslenme:kalori 170, yağ 2,3, lif 2,3, karbonhidratlar 11, protein 3,4

Balkabağı kreması

Hazırlama süresi: 2 saat
Pişirme süresi: 0 dakika
Porsiyon: 4

İçindekiler:

- 2 su bardağı hindistan cevizi kreması
- 1 su bardağı kabak püresi
- 14 ons hindistan cevizi kreması
- 3 yemek kaşığı hindistan cevizi şekeri

Talimatlar:

1. Bir kapta kremayı kabak püresi ve diğer malzemelerle birleştirip iyice karıştırıp küçük kaselere bölüştürün ve 2 saat buzdolabında bekletip servis yapın.

Beslenme:kalori 350, yağ 12,3, lif 3, karbonhidrat 11,7, protein 6

İncir ve ravent karışımı

Hazırlama süresi: 6 dakika
Pişirme süresi: 14 dakika
Porsiyon: 4

İçindekiler:

- 2 yemek kaşığı hindistancevizi yağı, eritilmiş
- 1 bardak ravent, kabaca doğranmış
- 12 incir, ikiye bölünmüş
- ¼ bardak hindistan cevizi şekeri
- 1 bardak su

Talimatlar:

1. Tavayı orta ateşte yağla ısıtın, incirleri ve diğer malzemeleri ekleyin, karıştırın, 14 dakika pişirin, fincanlara paylaştırın ve soğuk olarak servis yapın.

Beslenme:kalori 213, yağ 7,4, lif 6,1, karbonhidratlar 39, protein 2,2

Baharatlı muz

Hazırlama süresi: 4 dakika
Pişirme süresi: 15 dakika
Porsiyon: 4

İçindekiler:

- 4 muz soyulmuş ve ikiye bölünmüş
- 1 çay kaşığı küçük hindistan cevizi, öğütülmüş
- 1 çay kaşığı öğütülmüş tarçın
- 1 misket limonunun suyu
- 4 yemek kaşığı hindistan cevizi şekeri

Talimatlar:

1. Muzları fırın tepsisine dizin, hindistan cevizini ve diğer malzemeleri ekleyin, 180°C'de 15 dakika pişirin.
2. Pişen muzları tabaklara paylaştırıp servis yapın.

Beslenme:kalori 206, yağ 0,6, lif 3,2, karbonhidratlar 47,1, protein 2,4

Kakaolu smoothie

Hazırlama süresi: 5 dakika

Pişirme süresi: 0 dakika

Porsiyon: 2

İçindekiler:

- 2 çay kaşığı kakao tozu
- 1 avokado, çekirdeği çıkarılmış, soyulmuş ve püre haline getirilmiş
- 1 su bardağı badem sütü
- 1 su bardağı hindistan cevizi kreması

Talimatlar:

1. Badem sütünü, krema ve diğer malzemelerle blenderda birleştirin, iyice karıştırın, bardaklara paylaştırın ve soğuk olarak servis yapın.

Beslenme:kalori 155, yağ 12,3, lif 4, karbonhidrat 8,6, protein 5

Muz barları

Hazırlama süresi: 30 dakika

Pişirme süresi: 0 dakika

Porsiyon: 4

İçindekiler:

- 1 su bardağı hindistan cevizi yağı, eritilmiş
- 2 muz, soyulmuş ve doğranmış
- 1 avokado, soyulmuş, çekirdeği çıkarılmış ve püre haline getirilmiş
- ½ su bardağı hindistan cevizi şekeri
- ¼ bardak limon suyu
- 1 çay kaşığı limon kabuğu rendesi, rendelenmiş
- Pişirme spreyi

Talimatlar:

1. Mutfak robotunda muzları yağla ve pişirme spreyi hariç kalan malzemelerle birleştirin ve iyice karıştırın.
2. Fırın tepsisini pişirme spreyi ile yağlayın, muz karışımını dökün ve yayın, yayıp buzdolabında 30 dakika bekletin, çubuklar halinde kesip servis yapın.

Beslenme:kalori 639, yağ 64,6, lif 4,9, karbonhidratlar 20,5, protein 1,7

Yeşil çay ve hurma barları

Hazırlama süresi: 10 dakika
Pişirme süresi: 30 dakika
Porsiyon: 8

İçindekiler:

- 2 yemek kaşığı yeşil çay tozu
- 2 su bardağı hindistan cevizi sütü, ısıtılmış
- ½ bardak hindistan cevizi yağı, eritilmiş
- 2 su bardağı hindistan cevizi şekeri
- 4 çırpılmış yumurta
- 2 çay kaşığı vanilya özü
- 3 su bardağı badem unu
- 1 çay kaşığı karbonat
- 2 çay kaşığı kabartma tozu

Talimatlar:

1. Bir kapta hindistancevizi sütünü yeşil çay tozu ve diğer malzemelerle birleştirin, iyice karıştırın, kare bir tavaya dökün, yayın, pişirin, 180 derecede 30 dakika pişirin, soğumaya bırakın, çubukları dilimler halinde kesin ve servis yapın .

Beslenme:kalori 560, yağ 22,3, lif 4, karbonhidrat 12,8, protein 22,1

Ceviz Kreması

Hazırlama süresi: 2 saat
Pişirme süresi: 0 dakika
Porsiyon: 4

İçindekiler:

- 2 bardak badem sütü
- ½ su bardağı hindistan cevizi kreması
- ½ su bardağı ceviz, kıyılmış
- 3 yemek kaşığı hindistan cevizi şekeri
- 1 çay kaşığı vanilya özü

Talimatlar:

1. Bir kapta badem sütünü krema ve diğer malzemelerle birleştirip iyice karıştırıp bardaklara paylaştırın ve 2 saat buzdolabında bekletip servis yapın.

Beslenme: kalori 170, yağ 12,4, lif 3, karbonhidrat 12,8, protein 4

Limonlu Kek

Hazırlama süresi: 10 dakika
Pişirme süresi: 35 dakika
Porsiyon: 6

İçindekiler:
- 2 su bardağı tam buğday unu
- 1 çay kaşığı kabartma tozu
- 2 yemek kaşığı hindistancevizi yağı, eritilmiş
- 1 yumurta, dövülmüş
- 3 yemek kaşığı hindistan cevizi şekeri
- 1 su bardağı badem sütü
- 1 limonun kabuğu rendelenmiş
- 1 limonun suyu

Talimatlar:
1. Bir kapta unu, yağı ve diğer malzemeleri birleştirin, iyice çırpın, her şeyi bir kek kalıbına aktarın ve 180°'de 35 dakika pişirin.
2. Soğuk olarak kesip servis yapın.

Beslenme:kalori 222, yağ 12,5, lif 6,2, karbonhidratlar 7, protein 17,4

Kuru üzüm çubukları

Hazırlama süresi: 10 dakika
Pişirme süresi: 25 dakika
Porsiyon: 6

İçindekiler:

- 1 çay kaşığı öğütülmüş tarçın
- 2 su bardağı badem unu
- 1 çay kaşığı kabartma tozu
- ½ çay kaşığı hindistan cevizi, öğütülmüş
- 1 su bardağı hindistan cevizi yağı, eritilmiş
- 1 su bardağı hindistan cevizi şekeri
- 1 yumurta, dövülmüş
- 1 bardak kuru üzüm

Talimatlar:

1. Bir kapta unu tarçın ve diğer malzemelerle birleştirin, iyice karıştırın, pişirme kağıdı serili bir tepsiye yayın, fırına koyun, 180°'de 25 dakika pişirin, çubuklar halinde kesip soğuk olarak servis yapın.

Beslenme:kalori 274, yağ 12, lif 5,2, karbonhidratlar 14,5, protein 7

Nektarin kareleri

Hazırlama süresi: 10 dakika
Pişirme süresi: 20 dakika
Porsiyon: 4

İçindekiler:
- 3 nektarin, çekirdekleri çıkarılmış ve doğranmış
- 1 yemek kaşığı hindistan cevizi şekeri
- ½ çay kaşığı karbonat
- 1 su bardağı badem unu
- 4 yemek kaşığı hindistan cevizi yağı, eritilmiş
- 2 yemek kaşığı kakao tozu

Talimatlar:
1. Nektarinleri blenderda şeker ve diğer malzemelerle birleştirin, iyice karıştırın, pişirme kağıdı serili kare bir tavaya dökün, yayın, 180° fırında 20 dakika pişirin, karışımı biraz soğumaya bırakın, kareler halinde kesin ve sert.

Beslenme:kalori 342, yağ 14,4, lif 7,6, karbonhidratlar 12, protein 7,7

Üzüm yahnisi

Hazırlama süresi: 10 dakika
Pişirme süresi: 20 dakika
Porsiyon: 4

İçindekiler:

- 1 su bardağı yeşil üzüm
- ½ limon suyu
- 2 yemek kaşığı hindistan cevizi şekeri
- 1 ½ su bardağı su
- 2 çay kaşığı kakule tozu

Talimatlar:

1. Tavayı orta ateşte suyla ısıtın, üzümleri ve diğer malzemeleri ekleyin, kaynatın, 20 dakika pişirin, kaselere paylaştırıp servis yapın.

Beslenme:kalori 384, yağ 12,5, lif 6,3, karbonhidratlar 13,8, protein 5,6

Mandalina ve erik kreması

Hazırlama süresi: 10 dakika
Pişirme süresi: 20 dakika
Porsiyon: 4

İçindekiler:

- 1 mandalina, soyulmuş ve doğranmış
- Yarım kilo erik, çekirdekleri çıkarılmış ve doğranmış
- 1 su bardağı hindistan cevizi kreması
- 2 mandalina suyu
- 2 yemek kaşığı hindistan cevizi şekeri

Talimatlar:

1. Blenderda mandalina, erik ve diğer malzemeleri birleştirin, iyice karıştırın, küçük pişirme kaplarına bölüştürün, fırına koyun, 180 derecede 20 dakika pişirin ve soğuk olarak servis yapın.

Beslenme:kalori 402, yağ 18,2, lif 2, karbonhidratlar 22,2, protein 4,5

Kiraz ve Çilek Kreması

Hazırlama süresi: 10 dakika
Pişirme süresi: 0 dakika
Porsiyon: 6

İçindekiler:
- 1 pound kiraz, çekirdekleri çıkarılmış
- 1 bardak çilek, doğranmış
- ¼ bardak hindistan cevizi şekeri
- 2 su bardağı hindistan cevizi kreması

Talimatlar:
1. Blenderda kirazları diğer malzemelerle birleştirin, iyice karıştırın, kaselere paylaştırın ve soğuk olarak servis yapın.

Beslenme:kalori 342, yağ 22,1, lif 5,6, karbonhidratlar 8,4, protein 6,5

Kakule Fındık ve Sütlaç

Hazırlama süresi: 5 dakika
Pişirme süresi: 40 dakika
Porsiyon: 4

İçindekiler:
- 1 su bardağı basmati pirinci
- 3 su bardağı badem sütü
- 3 yemek kaşığı hindistan cevizi şekeri
- ½ çay kaşığı kakule tozu
- ¼ bardak ceviz, doğranmış

Talimatlar:
1. Bir tavada pirinci süt ve diğer malzemelerle birleştirip karıştırın, orta ateşte 40 dakika pişirin, kaselere paylaştırın ve soğuk olarak servis yapın.

Beslenme:kalori 703, yağ 47,9, lif 5,2, karbonhidratlar 62,1, protein 10,1

Armut ekmeği

Hazırlama süresi: 10 dakika
Pişirme süresi: 30 dakika
Porsiyon: 4

İçindekiler:
- 2 su bardağı armut, çekirdeği çıkarılmış ve doğranmış
- 1 su bardağı hindistan cevizi şekeri
- 2 çırpılmış yumurta
- 2 su bardağı badem unu
- 1 yemek kaşığı kabartma tozu
- 1 yemek kaşığı hindistan cevizi yağı, eritilmiş

Talimatlar:
1. Bir kapta armutları şeker ve diğer malzemelerle karıştırıp harmanlayın, tavaya dökün ve 180 derecede 30 dakika pişirin.
2. Soğuk olarak kesip servis yapın.

Beslenme: kalori 380, yağ 16,7, lif 5, karbonhidrat 17,5, protein 5,6

Sütlaç ve Kiraz

Hazırlama süresi: 10 dakika
Pişirme süresi: 25 dakika
Porsiyon: 4

İçindekiler:

- 1 yemek kaşığı hindistan cevizi yağı, eritilmiş
- 1 su bardağı beyaz pirinç
- 3 su bardağı badem sütü
- ½ bardak kiraz, çekirdekleri çıkarılmış ve yarıya bölünmüş
- 3 yemek kaşığı hindistan cevizi şekeri
- 1 çay kaşığı öğütülmüş tarçın
- 1 çay kaşığı vanilya özü

Talimatlar:

1. Bir tavada yağı pirinç ve diğer malzemelerle birleştirin, karıştırın, kaynatın, orta ateşte 25 dakika pişirin, kaselere paylaştırın ve soğuk olarak servis yapın.

Beslenme: kalori 292, yağ 12,4, lif 5,6, karbonhidrat 8, protein 7

Karpuz güveç

Hazırlama süresi: 5 dakika
Pişirme süresi: 8 dakika
Porsiyon: 4

İçindekiler:

- 1 misket limonunun suyu
- 1 çay kaşığı limon kabuğu rendesi, rendelenmiş
- 1 ½ su bardağı hindistan cevizi şekeri
- 4 bardak karpuz, soyulmuş ve büyük parçalar halinde kesilmiş
- 1 ½ su bardağı su

Talimatlar:

1. Bir tavada karpuzu limon kabuğu rendesi ve diğer malzemelerle birleştirip karıştırın, orta ateşte kaynatın, 8 dakika pişirin, kaselere paylaştırın ve soğuk olarak servis yapın.

Beslenme:: kalori 233, yağ 0,2, lif 0,7, karbonhidratlar 61,5, protein 0,9

Zencefilli puding

Hazırlama süresi: 1 saat
Pişirme süresi: 0 dakika
Porsiyon: 4

İçindekiler:
- 2 bardak badem sütü
- ½ su bardağı hindistan cevizi kreması
- 2 yemek kaşığı hindistan cevizi şekeri
- 1 yemek kaşığı zencefil, rendelenmiş
- ¼ bardak chia tohumu

Talimatlar:
1. Bir kapta sütü krema ve diğer malzemelerle birleştirip iyice karıştırıp fincanlara paylaştırın ve 1 saat buzdolabında bekletip servis yapın.

Beslenme:kalori 345, yağ 17, lif 4,7, karbonhidratlar 11,5, protein 6,9

Kaju Kreması

Hazırlama süresi: 2 saat
Pişirme süresi: 0 dakika
Porsiyon: 4

İçindekiler:
- 1 bardak kaju fıstığı, doğranmış
- 2 yemek kaşığı hindistancevizi yağı, eritilmiş
- 2 yemek kaşığı hindistancevizi yağı, eritilmiş
- 1 su bardağı hindistan cevizi kreması
- yemek kaşığı limon suyu
- 1 yemek kaşığı hindistan cevizi şekeri

Talimatlar:
1. Kaju fıstıklarını hindistancevizi yağı ve diğer malzemelerle blenderda birleştirin, iyice karıştırın, bardaklara bölün ve servis etmeden önce 2 saat buzdolabında bekletin.

Beslenme:kalori 480, yağ 43,9, lif 2,4, karbonhidratlar 19,7, protein 7

Kenevir bisküvileri

Hazırlama süresi: 30 dakika
Pişirme süresi: 0 dakika
Porsiyon: 6

İçindekiler:

- 1 su bardağı badem, geceden ıslatılmış ve süzülmüş
- 2 yemek kaşığı kakao tozu
- 1 yemek kaşığı hindistan cevizi şekeri
- ½ bardak kenevir tohumu
- ¼ bardak hindistan cevizi, kıyılmış
- ½ bardak su

Talimatlar:

1. Mutfak robotunda bademleri kakao tozu ve diğer malzemelerle birleştirin, iyice karıştırın, pişirme kağıdı serili bir tepsiye bastırın, 30 dakika buzdolabında bekletin, dilimleyin ve servis yapın.

Beslenme:kalori 270, yağ 12,6, lif 3, karbonhidrat 7,7, protein 7

Badem ve Nar Kaseleri

Hazırlama süresi: 2 saat
Pişirme süresi: 0 dakika
Porsiyon: 4

İçindekiler:

- ½ su bardağı hindistan cevizi kreması
- 1 çay kaşığı vanilya özü
- 1 su bardağı badem, doğranmış
- 1 su bardağı nar taneleri
- 1 yemek kaşığı hindistan cevizi şekeri

Talimatlar:

1. Bir kapta bademleri krema ve diğer malzemelerle birleştirip karıştırın, küçük kaselere paylaştırın ve servis yapın.

Beslenme:kalori 258, yağ 19, lif 3,9, karbonhidratlar 17,6, protein 6,2

Tavuk ve Karnabahar

Hazırlama süresi: 5 dakika
Pişirme süresi: 25 dakika
Porsiyon: 4

İçindekiler:
- 1 kiloluk tavuk göğsü, derisiz, kemikli ve küp şeklinde
- 2 su bardağı karnabahar çiçeği
- 1 yemek kaşığı zeytinyağı
- 1 kırmızı soğan, doğranmış
- 1 yemek kaşığı balzamik sirke
- ½ bardak kırmızı dolmalık biber, doğranmış
- Bir tutam karabiber
- 2 diş sarımsak, kıyılmış
- ½ su bardağı düşük sodyumlu tavuk suyu
- 1 su bardağı konserve domates, tuzsuz, doğranmış

Talimatlar:
1. Tavayı orta-yüksek ateşte yağla ısıtın, soğanı, sarımsağı ve eti ekleyip 5 dakika kızartın.
2. Geri kalan malzemeleri ekleyin, karıştırın ve orta ateşte 20 dakika pişirin.
3. Her şeyi kaselere bölün ve öğle yemeğinde servis yapın.

Beslenme:kalori 366, yağ 12, lif 5,6, karbonhidratlar 44,3, protein 23,7

Domates Fesleğen ve Havuç Çorbası

Hazırlama süresi: 10 dakika
Pişirme süresi: 20 dakika
Porsiyon: 4

İçindekiler:

- 3 diş sarımsak, kıyılmış
- 1 sarı soğan, doğranmış
- 3 havuç, doğranmış
- 1 yemek kaşığı zeytinyağı
- 20 ons kavrulmuş domates, tuz eklenmemiş
- 2 su bardağı düşük sodyumlu sebze suyu
- 1 yemek kaşığı kurutulmuş fesleğen
- 1 su bardağı hindistan cevizi kreması
- Bir tutam karabiber

Talimatlar:

1. Tavayı orta ateşte yağla ısıtın, soğanı ve sarımsağı ekleyip 5 dakika kızartın.
2. Geri kalan malzemeleri ekleyin, karıştırın, kaynatın, 15 dakika pişirin, çorbayı bir blender ile karıştırın, kaselere bölün ve öğle yemeği için servis yapın.

Beslenme:kalori 244, yağ 17,8, lif 4,7, karbonhidratlar 18,6, protein 3,8